授業を磨く

文部科学省教科調査官
田村 学

東洋館出版社

はじめに

学習指導要領の改訂に向けて諮問文が出された。その冒頭は、次の文章で始まる。

「今の子供たちやこれから誕生する子供たちが、成人して社会で活躍する頃には、我が国は、厳しい挑戦の時代を迎えていると予想されます。生産年齢人口の減少、グローバル化の進展や絶え間ない技術革新等により、社会構造や雇用環境は大きく変化し、子供たちが就くことになる職業の在り方についても、現在とは様変わりすることになるだろうと指摘されています。また、成熟社会を迎えた我が国が、個人と社会の豊かさを追求していくためには、一人一人の多様性を原動力とし、新たな価値を生み出していくことが必要となります。」

その上で、「こうした状況も踏まえながら、今後、一人一人の可能性をより一層伸ばし、新しい時代を生きる上で必要な資質・能力を確実に育んでいくことを目指し、未来に向けて学習指導要領等の改善を図る必要があります。」と記している。変化の激しい未来社会に向けて、新しい教育への質的転換が明言されている。

この諮問文の内容を一言のキー・ワードで示すならば、**「アクティブ・ラーニング」**である。「アクティブ・ラーニング」とは、そのまま訳すならば能動的学習のことであり、諮問文によれば、「課題の発見と解決に向けて主体的・協働的に学ぶ学習」ということになる。子ども一人一人が、思いや願いの実現に向けて学習活動に取り組み、問題の解決に向けた一連の学習活動を連続する中で、自ら学び、共に学ぶことを期待している。

では、なぜアクティブ・ラーニングなのだろうか。それは、**これからの社会に求められる人材が大きく変化しているからに他ならない**。これまでのキャッチアップの時代には、より多くの知識を蓄え、それを安定的に再生できる人材が求められていた。しかし、これからのイノベーションの時代には、様々な知識や情報を活用して、目の前の問題を異なる他者と共に解決していくことのできる人材が求められている。

こうした実社会で活用できる能力のことを**「汎用的能力」**と呼ぶ。海外に目を向ければ、OECDのキー・コンピテンシー、アメリカの21世紀型スキルなどが話題になってきた。国内で考えれば、内閣府の人間力、経済産業省の社会人基礎力などが提言されてきた。どれもが、汎用的能力の育成に向けた提言と考えることができよう。

すなわち、次期学習指導要領の改訂に向けたアクティブ・ラーニングへの質的転換は、実社会で活用できる汎用的能力の育成への期待が背景にある。

本書では、まず、21世紀の社会で求められる21世紀型学力を育成する授業を明らかにすることを試みた。その上で、そうした新しい授業を実現するための教師力の必要性とその育成の方法を検討した。さらには、具体的にはどのように授業を変革していけばよいのかを、課題設定の方法や思考ツールによる授業改善を通して示すようにした。具体的な授業研究の中から生成した知見を整理すると共に、生活科や総合的な学習の時間における子どもの学びの姿を各教科等にも汎用できるものとして見つめ直したものである。

なお、本書の作成に当たっては東洋館出版社の近藤智昭氏から大きな支えをいただいた。近藤さんの力なくして、このような形にまとめることはできなかった。深く感謝の気持ちを表したいと思う。

最後に、この一冊が、熱意溢れる多くの実践者にとって、日々の授業改善につながるものになると共に、日本全国の教室の授業が、学習者である子どもを中心とした豊かで生き生きとしたものになることを期待している。

田村　学

CONTENTS

CHAPTER 3

授業を磨く―アクティブ・ラーニングのすすめ―

CHAPTER 1

21世紀型学力を育成する授業

21世紀の社会に求められる人材

二〇一一年のニューヨークタイムズ紙に、次のような記事が掲載された。

「二〇一一年度にアメリカの小学校に入学した子どもたちの六五％は、大学卒業時に今は存在していない職業に就くだろう」

これは、アメリカの研究者のキャシー・デビッドソンによる未来予測の研究成果である。もちろん、日本社会の未来が、先に示した通りになるかどうかは定かではない。しかし、確かに言えることは、**これからの社会の変化は、今まで以上に劇的で激しい**ということではないだろうか。

社会の変化については、グローバル化、情報化、少子高齢化、知識基盤社会化などと様々に表現されている。日頃、何気なく使っている当たり前の言葉の裏側に、実は驚くべき予測が隠されていることを確認しておきたい。

こうした未来社会の変化は、身近な出来事を見つめ直すだけで実感的にとらえることができる。例えば、お掃除ロボット『ルンバ』や音声認識ソフト『siri』が私たちの暮らしを変え、そのことは結果として、私たちが働く職業を変えることにつながっている。

ここで、図1をご覧いただこう。OECD（経済協力開発機構）が職業に求められるスキルの推移を経年変化で示したデータである。いずれも一九六〇年を五〇としたときに、その後どのような変化が見られるかを数値化している。

図1から明らかなのは、**未来社会では反復系の手作業は減り、反復系の認識を伴う仕事までもが減少していく**ということである。このことは、先

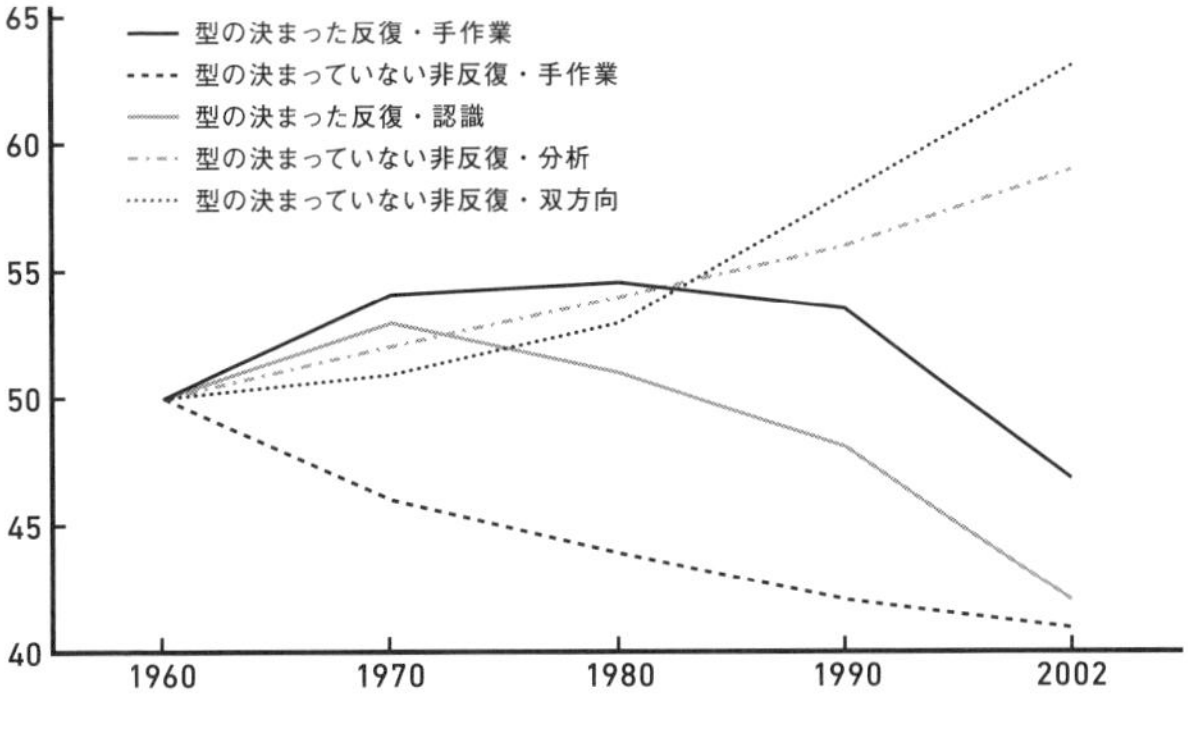
型の決まった反復・手作業
型の決まっていない非反復・手作業
型の決まった反復・認識
型の決まっていない非反復・分析
型の決まっていない非反復・双方向
65
60
55
50
45
40
1960
1970
1980
1990
2002

図1　求められるスキルの傾向：アメリカ（OECD）

に例示した『ルンバ』や『siri』をイメージすれば想像に難くはない。単純な労働に関して機械が私たち人間に取って代わるだけではなく、認識を伴うような仕事も機械が行うようになることを示している。

スマートフォンはもちろん、病院の電話受付などが機械化されていることを思えば、こうした変化はすでに私たちの日常の中に大きく広がりつつある。

では、逆に求められるスキルとはどのようなスキルなのだろうか。

ここでもう一度、図1を見てみよう。右肩上がりに変化していくスキルのタイプは、非反復系で分析を伴うもの、非反復系で双方向性を必要とするものであることが分かる。つまり、じっくり考えること、どれが適切かを判断し決断することなど思考を伴うものは私たち人間に求められる能力であり、そうした能力は今後ニーズが高まる。また、他者と話し合ったり情報交換したりして、新しいアイディアを生み出し創造すること、折り合いを付け一致点を探ることなども機械では難しいことが分かる。

だとすれば、自ずと未来社会に生きる子どもに必要な学力が明らかになってくる。単に知識を暗記し再生すればよいのではなく、論理的に考えたり他者に分かりやすく表現したりする実社会で活用できる能力、つまり**汎用的能力**が求められるようになるのであろう。

これからの子どもたちに必要な力とは

現在の社会においても…

◆病院の受付・支払の機械化

◆スマートフォンでの買物

◆写真の現像

様々なものが機械化されている

これから求められる人材は…

◆熟考し、適切に判断する人

◆他者と力を合わせ、よいものを創出する人

◆新しいアイディアを創出する人

論理的に考え、他者に分かりやすく表現する力などの
汎用的能力が求められる！

21世紀の社会に求められる汎用的能力

変化の激しい21世紀の社会では、知識の習得ばかりではなく、実社会で活用できる汎用的能力の育成こそが求められている。そのことは、国際的にも国内的にも同様であり、以下のような提言が様々に為されている。

⬟キー・コンピテンシー（OECD）

「単なる知識や技能だけではなく、技能や態度を含む様々な心理的・社会的なリソースを活用して、特定の文脈の中で複雑な課題に対応することができる力のカテゴリー」

①社会・文化的、技術的ツールを相互作用的に活用する能力
②多様な社会グループにおける人間関係形成能力
③自律的に行動する能力

◆21世紀型スキル（The Assessment and Teaching of 21st-Century Skills）

○**思考の方法**（Ways of Thinking）
・創造性とイノベーション
・批判的思考、問題解決、意思決定
・学習能力、メタ認知

○**仕事の方法**（Ways of Working）
・コミュニケーション
・コラボレーション（チームワーク）

○**仕事の道具**（Tools of Working）
・情報リテラシー
・情報コミュニケーション技術（ICT）リテラシー

○**生活の方法**（Ways of Living in the World）
・地域や国際社会の市民性
・人生とキャリア設計　・個人と社会における責任

◆人間力（内閣府）

「社会を構成し運営するとともに、自立した一人の人間として力強く生きていくための総合的な力」

①「基礎学力（主に学校教育を通じて修得される基礎的な知的能力）」「専門的な知識・ノウハウ」を持ち、自らそれを継続的に高めていく力。また、それらの上に応用力として構築される「論理的思考力」「創造力」などの知的能力的要素

②「コミュニケーションスキル」「リーダーシップ」「公共心」「規範意識」や「他者を尊重し切磋琢磨しながらお互いを高めあう力」などの社会・対人関係的要素

③これらの要素を十分に発揮するための「意欲」「忍耐力」や「自分らしい生き方や成功を追求する力」などの自己制御的要素

◆社会人基礎力（経済産業省）

「組織や地域社会の中で多様な人々とともに仕事を行っていく上で必要な基礎的な能力」

①「前に踏み出す力」（アクション）～一歩前に踏み出し、失敗しても粘り強く取り組む力～（主体性・働きかけ力・実行力）

②「考え抜く力」（シンキング）～疑問を持ち、考え抜く力～（課題発見力・計画力・創造力）

③「チームで働く力」（チームワーク）～多様な人とともに、目標に向けて協力する力～（発信力・傾聴力・柔軟性・状況把握力・規律性・ストレスコントロール力）

「知識基盤社会」と言われる21世紀に求められる学力は、何を学んだかと言った知識中心の学力ではなく、どのように学んだかが問われる汎用的能力が中心になってくる。そのことが先に示したいくつかの提言からも明らかと言えよう。

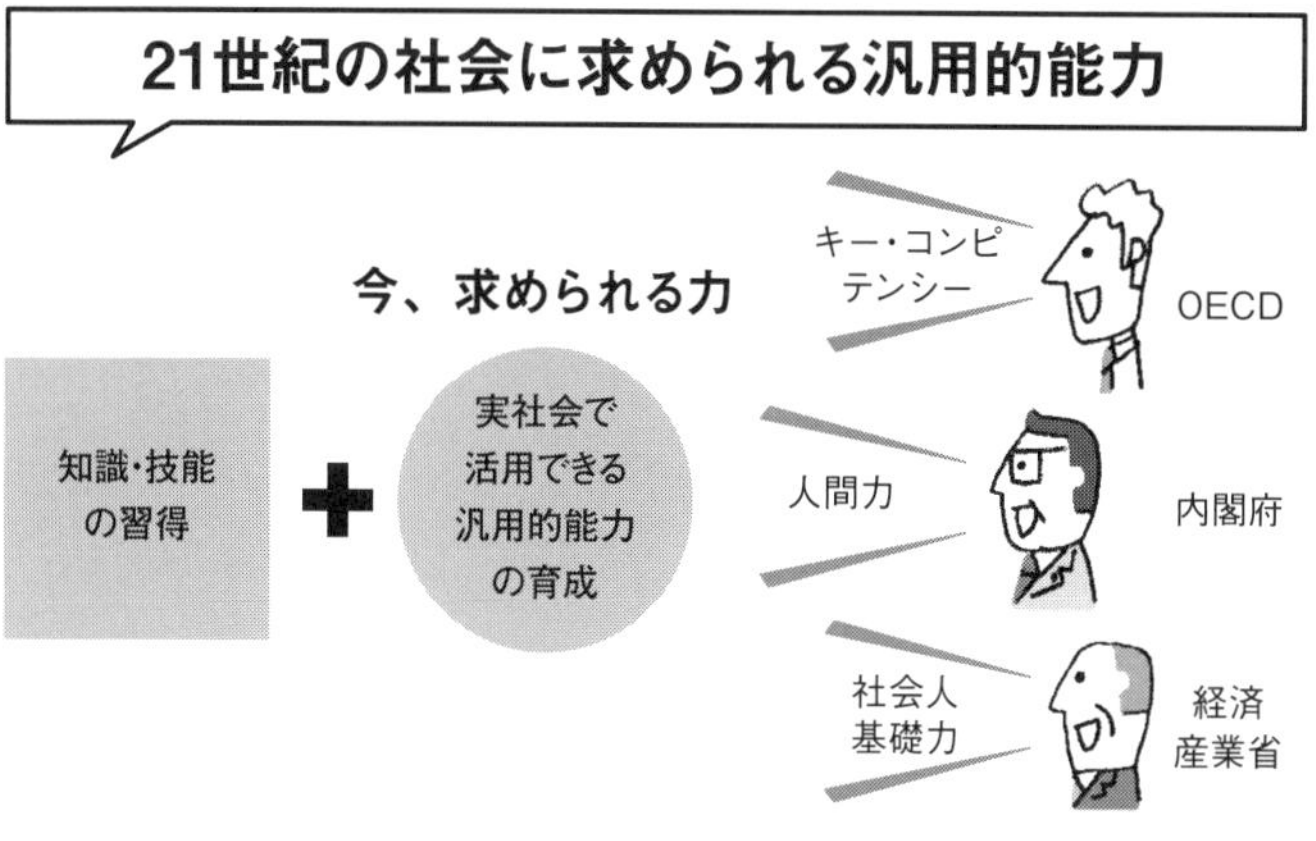

汎用的能力を育成する要の時間としての総合的な学習の時間

こうした汎用的能力を育成するには、どのようにすればよいのだろうか。そのためには、**探究的で協同的に学ぶ総合的な学習の時間から学ぶことが欠かせない**。

そもそも総合的な学習の時間は、その目標を以下のように示している。

> **第1　目標**
>
> 横断的・総合的な学習や探究的な学習を通して、自ら課題を見付け、自ら学び、自ら考え、主体的に判断し、よりよく問題を解決する資質や能力を育成するとともに、学び方やものの考え方を身に付け、問題の解決や探究活動に主体的、創造的、協同的に取り組む態度を育て、自己の生き方を考えることができるようにする。

また、学習指導要領には、以下の記述もある。

第3の1の(4)
育てようとする資質や能力及び態度については、例えば、学習方法に関すること、自分自身に関すること、他者や社会とのかかわりに関することなどの視点を踏まえること。

これらから明らかなように総合的な学習の時間は、21世紀型学力である汎用的能力を育成する要の時間と考えることができる。

しかし、総合的な学習の時間を実施していれば、汎用的能力が育つというほど簡単なものではない。

実際に、総合的な学習の時間が教育課程に位置付けられた当初は、「体験あって学びなし」と言われるような実践がなかったわけではない。また、日本全国の実践の中には、不適切な実践事例がなかったわけでもない。

最も重要なポイントは、総合的な学習の時間における子どもの学習の姿が、探究的な学習になっていることであろう。

すなわち、以下のようなプロセスとなることである。

①課題の設定：体験的な活動等を通じて課題意識をもつ
②情報の収集：必要な情報を取り出したり、収集したりする
③整理・分析：収集し、取り出した情報を整理、分析する
④まとめ・表現：気付きや発見、自分の考えなどをまとめ、判断し、表現する

同時に、探究のプロセス（図2）を質的に高める協同的な学習であることも重要になる。OECDでは、21世紀の社会に求められる人材が変化してきていることを踏まえ、学校における授業の在り方も変わっていく必要があることを明らかにしており、授業についても図3のような学習者中心の教授法を提案している。ここに記した四つの教授法は、これからの新しい時代に求められる授業の方法である。もちろん、これまでもこうした授業を行っていたはずである。**ここで重要なのは、こうした授業の比重を高めることにある。**これまで以上に、新しい教授法で授業する時間を増やすことを目指したいものである。

日本では、この四つの中でも「相互意見交換」「探究活動」の授業を展開することがよいと言われている。その意味では、**これから求められる授業は、子どもが自ら主体的に学ぶ探究型の授業、子どもが他者と共に学び合う協同型の授業を具現することが必要になる。**

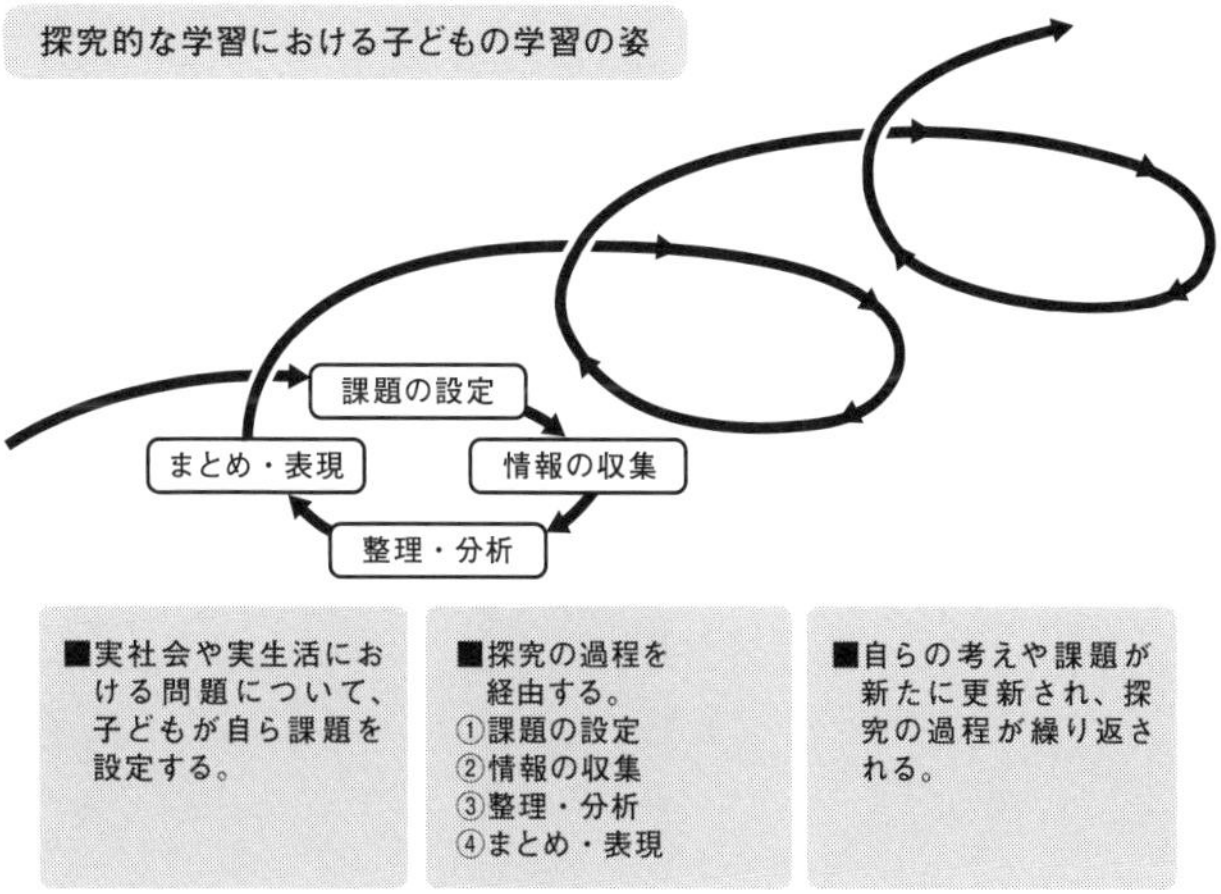

図2　探究のプロセス

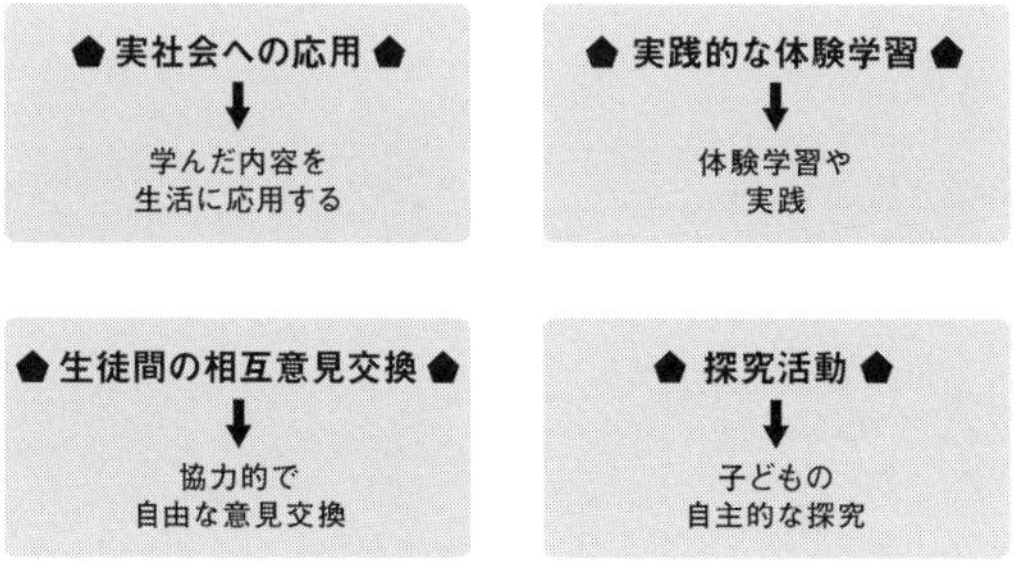

図3　OECD が提案する学習者中心の教授法

汎用的能力を育成する探究的な学習

総合的な学習の時間をイメージするには、探究のプロセスがスパイラルに高まる前ページの図2を参考にしたい。つまり、総合的な学習の時間では、問題解決的な活動が発展的に繰り返される一連の学習活動となることが重要になる。そして、この**探究のプロセスに体験活動と言語活動を適切に位置付ける**ことが大切になる。

1　課題の設定

子どもが自ら課題意識をもち、その意識が連続発展することが欠かせない。しかし、子どもが自ら課題をもつことが大切だからと言って、教師は何もしないでじっと待つのではなく、教師が意図的な働きかけをすることが重要である。

例えば、人、社会、自然に直接かかわる体験活動においても、学習対象とのかかわり方や出会わせ方などを、教師が工夫する必要がある。その際、事前に子どもの発達や興味・関心を適切に把握し、これまでの子どもの考えとの「ずれ」や「隔たり」を感じさせたり、対象への「あこがれ」や「可能性」を感じさせたりする工夫をしなくてはならない。

子どもは、対象やそこに存在する問題事象に直接出会うとき、現実の状況と理想の姿との対比などから問題を見いだし、課題意識を高めることが多い。

例えば、身近な川を対象にし、川の探検をする活動では、川にゴミが落ちていることや川が汚れていることなどに気付く。

こうした川の現実の姿を知ることで、理想的な川のイメージとの「ずれ」などから、子どもは身近な川の環境問題に意識を向ける。ここでは、実際の川を目で見て、肌で触れることが効果的である。身体全体を通して川とかかわり、川を理解することが、「どうして川が汚れているのだろう」「いつごろから川が汚くなったのだろう」「生き物は生息しているのだろうか」などといった課題意識を高めていく。

課題を設定する場面では、こうした**対象に直接触れる体験活動が重要**であり、そのことが、その後の息長い探究活動の原動力となる。

2　情報の収集

課題意識や設定した課題をもとに、子どもは、観察、実験、見学、調査、探索、追体験などを行う。こうした学習活動によって、子どもは課題の解決に必要な情報を収集する。情報を収集する活動は、そのことを子どもが自覚的に行う場合と無自覚的に行っている場合とがある。目的を明確にして調査したりインタビューしたりするような活動では、自覚的に情報を収集していることになる。

一方、体験活動に没頭したり、体験活動を繰り返したりしているときには、無自覚のうちに情報を収集していることが多い。そうした自覚的な場と無自覚的な場は、常に混在している。意図や目的をもって栽培活動を繰り返す活動では、育てている作物に関する様々な情報を収集しているのだが、同時にその中で無自覚的な情報の収集も行われている。このように、情報を収集することにおいても、体験活動は重要である。

例えば、川に生息する水生生物を調べたり、パックテストなどで水質調査をしたりする。実際に川に入って生き物を探したり、水質を調べたりする。また、川の周辺の植生などを観察することも考えられる。その他にも、現在と昔の川の様子を図書館の文献で調べたり、川の近くの住民にインタビューしたりすることも考えられる。

　こうした場面では、いくつかの配慮すべき事項がある。

　一つ目は、**収集する情報は多様であり、それは学習活動によって変わる**ということである。例えば、パックテストを使えば数値化した情報を収集することができる。文献を調べたり、インタビューをしたりすれば言語化した情報を手に入れることができる。実際に体験活動を行えば「汚い」「くさい」といった感覚的な情報の獲得が考えられる。どのような学習活動を行うかによって、収集する情報の種類が違うということであり、その点を十分に意識した学習活動が求められる。特に、総合的な学習の時間では、体験を通した感覚的な情報の収集が大切であり、そうした情報こそが子どもの真剣な探究活動を支える。

　二つ目は、**課題解決のための情報収集を自覚的に行う**ことである。具体的な体験活動が何のための学習活動であるのかを自覚して行うことが望ましい。体験活動自体の目的を明確にし、そこで獲得される情報を意識的に収集し蓄積することが大切である。そのことによって、どのような情報を収集するのか、どのような方法で収集するのか、どのようにして蓄積するのか、などの準備が整うことになる。

　三つ目は、**収集した情報を適切な方法で蓄積する**ことである。数値化した情報、言語化した情報などは、デジタルデータをはじめ、様々な形のデータとして蓄積することが大切である。その情報が、その後の探究活動を深める役割を果たすからである。収集した場所や相手、期日などを明示して、ポートフォリオやファイルボックス、コンピュータのフォルダなどに蓄積していく。その際、個別の蓄積を基本とし、必要に応じて学級やグループによる協同の蓄積方法を用意することが考えられる。一方、適切な方法で蓄積することが難しいのは感覚的な情報である。体験活動を行ったときの感覚、そのときの思いなどは、時間の経過と共に薄れていき、忘れ去られる。しかし、そうした情報は貴重なものであり、その後の課題解決に生かしたい情報である。したがって、体験活動を適切に位置付けていくだけではなく、体験で獲得した情報を作文などで言語化して、対象として扱える形で蓄積することにも配慮が必要である。

　また、こうした情報の収集場面では、**各教科で身に付けた知識や技能を発揮することで、より多くの情報、より確かな情報が収集できる**。

　例えば、理科で身に付けた観察する技能や動植物に対する知識は、河川の周辺の情報を豊かに集めることにつながる。また、国語科のインタビューの手法を発揮して、周辺の住民からたくさんの情報を入手することも可能になる。社会科の資料活用の学習を生かして、多様な文献を探し出し、資料を比較することも考えられる。なお、情報の収集に際しては、必要に応じて教師が意図的に資料等を提示することも考えられる。

3 整理・分析

収集した情報を整理したり、分析したりして、思考する活動へと高めていく。収集した情報は、それ自体はつながりのない個別なものである。それらを種類ごとに分けるなどして整理したり、細分化して因果関係を導き出したりして分析する。それが思考することであり、そうした学習活動を位置付けることが重要である。

例えば、水生生物の分布の様子を地図上に整理したり、水質の変化をグラフ化したりすることが考えられる。

また、文献から得た情報を年代ごとに表にまとめたり、インタビューから得た情報をカードにして整理したりすることも考えられる。あるいは、論点を明確にして決断を迫るような討論を行うことなども考えられる。

このような学習活動を通して、子どもは収集した情報を比較したり、分類したり、関連付けたりして情報内の整理を行う。このことこそ、情報を活用した活発な思考の場面であり、こうした学習活動を適切に位置付けることが重要である。その際には、以下の点に配慮したい。

一つは、**どのような情報が、どの程度収集されているかを把握すること**である。数値化した情報と言語化した情報とでは扱い方が違ってくる。また、学習対象として扱う情報の分量によっても学習活動は変わってくる。

二つは、**どのような方法で情報の整理や分析を行うのかを決定すること**である。数値化された情報であれば、統計的な手法でグラフにすることが考えられる。

グラフの中にも、折れ線グラフ、棒グラフ、円グラフなど様々な方法が考えられる。言語化された情報であれば、カードにして整理する方法、出来事を時間軸で並べる方法、調査した結果をマップなどの空間軸に整理する方法などが考えられる。情報に応じて適切な整理や分析の方法が考えられると共に、その学習活動によって、どのように考えさせたいのかが問われる。例えば、比較して考える、分類して考える、序列化して考える、類推して考える、関連付けして考える、因果関係から考える、などである。何を、どのように考えさせたいのかを意識し、学習活動を適切に位置付けることがポイントになる。

なお、ここでも、国語科や社会科、算数科などの教科での学習成果が生かされることは、先に記した例からも明らかである。

4 まとめ・表現

情報の整理・分析を行った後、それを他者に伝えたり、自分自身の考えとしてまとめたりする学習活動を行う。そうすることで、それぞれの子どもの既存の経験や知識と、学習活動により整理・分析された情報とがつながり、一人一人の子どもの考えが明らかになったり、課題がより一層鮮明になったり、新たな課題が生まれたりしてくる。このことが学習として質的に高まっていくことであり、表面的ではない深まりのある探究活動を実現することにつながる。

例えば、調査結果をレポートや新聞、ポスターにまとめたり、写真やグラフ、図などを使ってプレゼンテーションとして表現したりすることなどが考えられる。相手を意識して、伝えたいことを論理的に表現することで、自分の考えは一層確かになっていく。身近な川における環境の問題を考えながら、自らの日頃の行動の在り方、身近な環境と共生する方法について考えることになる。

こうした場面では、次の点に配慮したい。

一つは、**相手意識や目的意識を明確にして、まとめたり表現したりすること**である。誰に伝え、何のためにまとめるのかによって、まとめや表現の手法は変わり、子どもの思考の方向性も変わるからである。二つは、**まとめたり表現したりすることが、情報を再構成し、自分自身の考えや新たな課題を自覚することにつながる**ということである。三つは、伝えるための具体的な方法を身に付けると共に、**伝えるべき内容を十分に蓄積しておくこと**である。例えば、作文やポスター、プレゼンテーションソフトなどの手法を使って、探究活動によって分かったことや考えたことを、学級の友達や保護者、地域の人々などに分かりやすく伝える、といったことである。ここでは、各教科で獲得した表現方法を積極的に活用することが考えられる。文章表現はもちろん、絵画や音楽などを使ったり、それらを組み合わせたりしていく総合表現なども考えられる。

このように、国語科、音楽科、図画工作科などの教科で身に付けた力が発揮されることが容易に予想できる。なお、ここでの学習活動は、それ自体が左図の②③④の学習活動を同時に行っていると考えることができる場合もある。

ここまで、①課題の設定、②情報の収集、③整理・分析、④まとめ・表現の探究の過程に沿って学習過程を具体的にイメージしてきた。こうした学習活動をスパイラルに繰り返していくことが探究的な学習を実現することにつながる。

探究のプロセスにおいて大切なこと

①課題の設定

POINT

対象に直接触れる体験活動を行うことが重要

②情報の収集

POINT 1 情報は多様

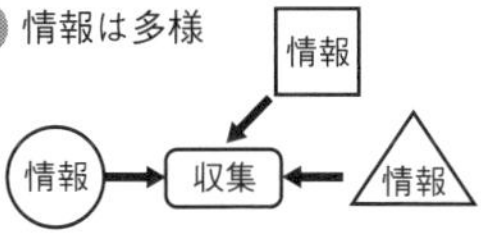

POINT 2 自覚的に行う

[インタビュー]

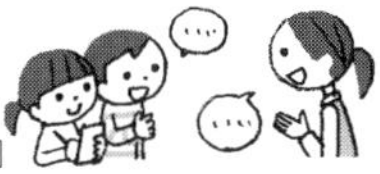

POINT 3 蓄積する

③整理・分析

POINT 1 どのような情報が、どの程度収集されているか把握する

POINT 2 どのような方法で、情報の整理・分析を行うのかを決める

④まとめ・表現

POINT 1 相手・目的意識を明確に

POINT 2 新たな考え、課題への気付き

POINT 3 伝える内容の蓄積と伝える方法の習得

5 プロセスが育てる汎用的能力

ここで明らかにしておかなければならないことは、先に示した探究のプロセスを意識した学習活動を行うことで、なぜ期待する汎用的能力が育成されるのかということである。

それは、能力は様々な知識や技能の集合体であり、それらがネットワークのように張り巡らされ、実際の場面とつながることによって実社会で活用できる汎用的能力となると考えているからである（図４）。探究のプロセスが充実した形で実現することは、①課題の設定、②情報の収集、③整理・分析、④まとめ・表現の各プロセスにおいて、各教科で身に付けた知識や技能が繰り返し活用されることを表している。自分事となった課題の解決に向けて、知識や技

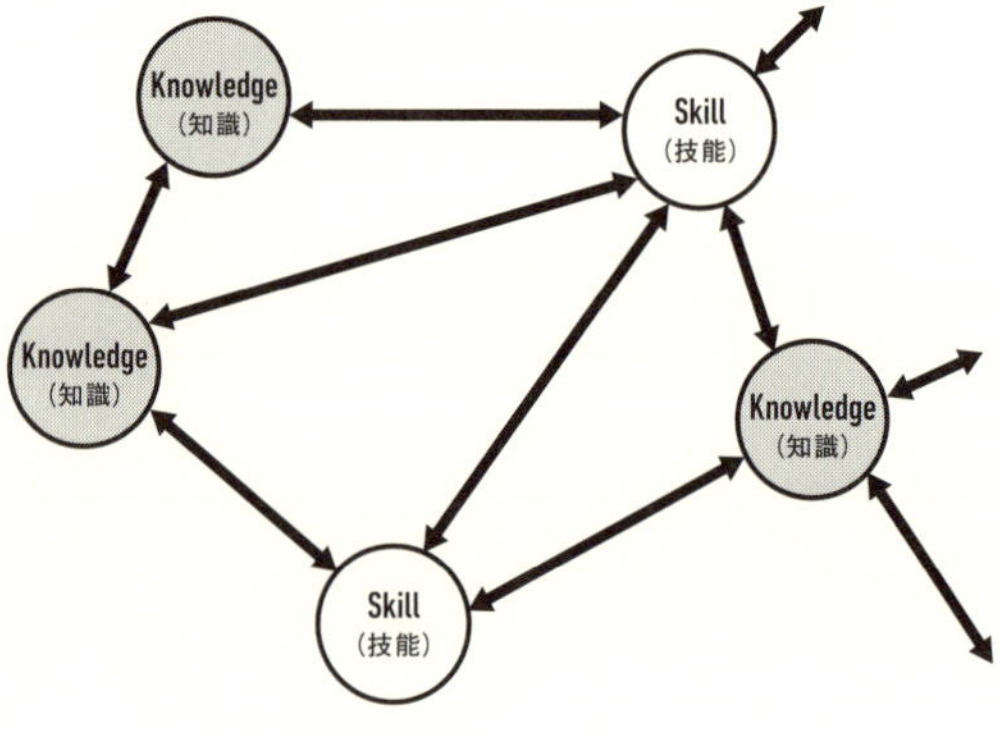

図４　知のネットワーク化のイメージ

能が繰り返し活用されていくことで汎用的能力が育成されていくのである。

実は、こうしたネットワーク化された情報は、剥がれにくく、失われにくいことも明らかになってきている。

また、探究のプロセスは、子どもが自分自身の暮らしの中にある問題について、真剣に本気になって課題の解決に向かって取り組む学びのプロセスとも言える。このプロセスでは、学習者である子どもにとって、極めて意味のある学習活動が展開されることになる。目的もなく、意味もなく、一方的にやらされている学習ではなく、主体的に、自発的に取り組む学習活動である。こうした、意味ある文脈的な学習こそが知識の定着においても成果を上げることは、これまでも繰り返し語られてきたところである。

例えば、地域に流れる川を対象にして探究的に学んできた、一人の子どもの作文をもとにして考えてみよう。

子どもの作文例

私は、総合で焼田川を調べました。その中で、○○先生や△△先生から焼田川はいい川だと聞きました。本当に焼田川はいい川なんでしょうか。

私は、いい川だと思います。

その理由の第一は、生き物がたくさんいたり、魚の種類がたくさんだったりするからです。例えば、マルタニシやヒメタニシが水をきれいにします。そうすると絶滅危惧種のスナヤツメやクロメダカが住めます。それは、川が豊かということです。

第二は、流れの深さや速さがいろいろあるからです。川には瀬と淵があります。瀬の方は流れが速く、淵は遅いです。流れの速いところが好きな魚がいて、遅いところには、スナヤツメやクロメダカがいます。

第三は、虫や魚などのバランスがとれているからです。虫がいるからそれを食べる魚がいる。魚がいるからそれを食べる他の生き物がいる。それに、水をきれいにしてくれる貝類がいるからスナヤツメがいる。その繰り返しです。食べ物になるプランクトンがいて、植物があるからかくれがになる。すごくいいバランスをもった川だからです。

このように、生き物がいて、川の流れの速さ、虫や魚、食べ物のバランスがあるから、私は焼田川をいい川だと思っています。

この文章は、とても分かりやすく論理的な構成となっている。

おそらく文章表現様式は国語科で、絶滅危惧種については総合的な学習の時間で、流れる水の働きは理科で学んだのであろう。こうしてネットワーク化された知識は、長きにわたって記憶にとどまると共に、次の場面でも活用できる使い勝手のよい知識になることが予想できる。

汎用的能力を育成する協同的な学習

先に示した探究的な学習を質的に高めるためにも、協同的な学習であることが欠かせない。つまり、たった一人で探究的な学習を実現しようとしても、そこには困難が生じる。多くの仲間や友達、地域の人などの協同的に学ぶ他者がいることによって、探究的な学習はさらに充実していく。それは、次のような理由による。

一つは、共に学ぶ仲間がいることで、**多くの情報が集まる**ことにある。例えば、森林のフィールドワークをするにしても、多くの探究する仲間がいたほうが集まる情報は増える。情報量の多さは、その後の学習活動の質を大きく決定付けるものであることは言うまでもない。

二つは、共に学ぶ仲間がいることで、**様々な視点から分析できること**にある。例えば、エネルギーの未来を考える場合でも、それぞれの置かれている立場や状況によって考え方は異なる。そうした違う考えを出し合い、多面的に分析したり検討したりすることが、より質の高い探究的な学習を具現する。

三つは、学校を越えて、**地域や社会とかかわること**にある。総合的な学習の時間での学習活動は地域に出かけたり、社会にかかわったりして展開する。子どもの学習の成果が地域を変えたり、社会に影響を与えることもある。こうして探究的な学習は、学習のフィールドを広げることで一層豊かで確かなものになっていく。共に協力することで学習活動の可能性が広がることになる。役割分担をしたり、助け合ったりしていくことで、よりダイナミックな活動、より長期的な活動なども可能になる。

この三つについて、具体的な事例からもう少し詳しく考えてみよう。

1　多様な情報を活用して協同的に学ぶ

例えば、町の様子を探検した後に、発見したことを出し合い、それを黒板に整理し、

「みんなが見付けた発見の中で、似ていたり、共通していたりすることはないだろうか」などと発問する。このことで子どもたちは、町探検で発見してきた情報を改めて見つめ直し、互いの発見の共通点や相違点に気付いたり、互いの発見の関連性を見付けたりする。「もっと知りたくなった、詳しく調べてみたいということはないだろうか」とさらに問いかけることで、「また探検に出かけてみたい」「今度は詳しく調べたい」などと目的や課題を明確にすることができる。

学級という集団での協同的な学習を有効に機能させ、多様な情報を適切に活用することで、探究的な学習へと高めることが可能となる。

2 異なる視点から考え協同的に学ぶ

例えば、米作りの活動を行う際に、農薬の使用について話し合う場面が考えられる。農薬の使用には、米を順調に生育させ、病害虫などからの被害を防ぐ役目がある。一方で、農薬を使用しないことに価値を見いだしている農家も存在する。実際に米作りの体験をしたり、生産者の苦労などを直接聞き取ったり、農作物の成長や農薬の科学的な働きを調べたりした上で話合いを行うと、異なる視点での意見が出され、互いの考えを深めることにつながっていく。

このことにより、農薬の使用がどのような理由で行われているのか、そのことが食糧生産や農業事情と深くかかわっていることなど、子どもの幅広い理解と思考の深まりを生む。

このように異なる視点を出し合い、検討していくことで、事象に対する見方や考え方が深まり、学習活動をさらに探究的な学習へと高めていくことが考えられる。

3 力を合わせたり交流したりして協同的に学ぶ

例えば、自分たちの生活する地域のよさを学び、その地域のよさを特産品として開発する学習活動が考えられる。

子どもは特産品を開発し、地域の人や専門家に提案しようとする。その際、学級の友達と力を合わせたり分担したりして特産品を作り、一人ではできなかったことも、仲間がいることで成し遂げられることを実感する。また、そこでは、開発した特産品のよさを地域の人に伝えようとしたり、特産品の特徴を分かりやすく伝えようとしたりして、真剣に活動に取り組むようになる。

グループや集団で学習活動を進めることに加え、地域の人や専門家など、校外の人と交流する機会を設けることも有効である。一人ではできないことも、集団になると実現できることは多いものである。また、地域の大人などとの交流は、子どもの社会参画の意識を目覚めさせる。

1～3に示したように、協同的に取り組む学習活動においては、「なぜその課題を追究してきたのか（目的）」「これを追究して何を明らかにしようとしているのか（内容）」「どのような方法で追究すべきなのか（方法）」などの点が繰り返し問われることになる。

このことは、子どもが自らの学習活動を振り返り、その価値を確認することにもつながる。協同して学習活動に取り組むことが、子どもの問題の解決や探究活動を持続させ繰り返させると共に、一人一人の子どもたちの考えを深め、自らの学習に対する自信と自らの考えに対する確信をもたせることにもつながる。学級集団や学年集団を生かすことで、個の学習と集団の学習が互いに響き合うことに十分配慮し、質の高い学習を成立させることが求められる。

このことを実現させるためにも、左に示し対比した図5の教授法から、図6の教授法へと転換を図らなければならないのである。

教授法の転換を図っていく

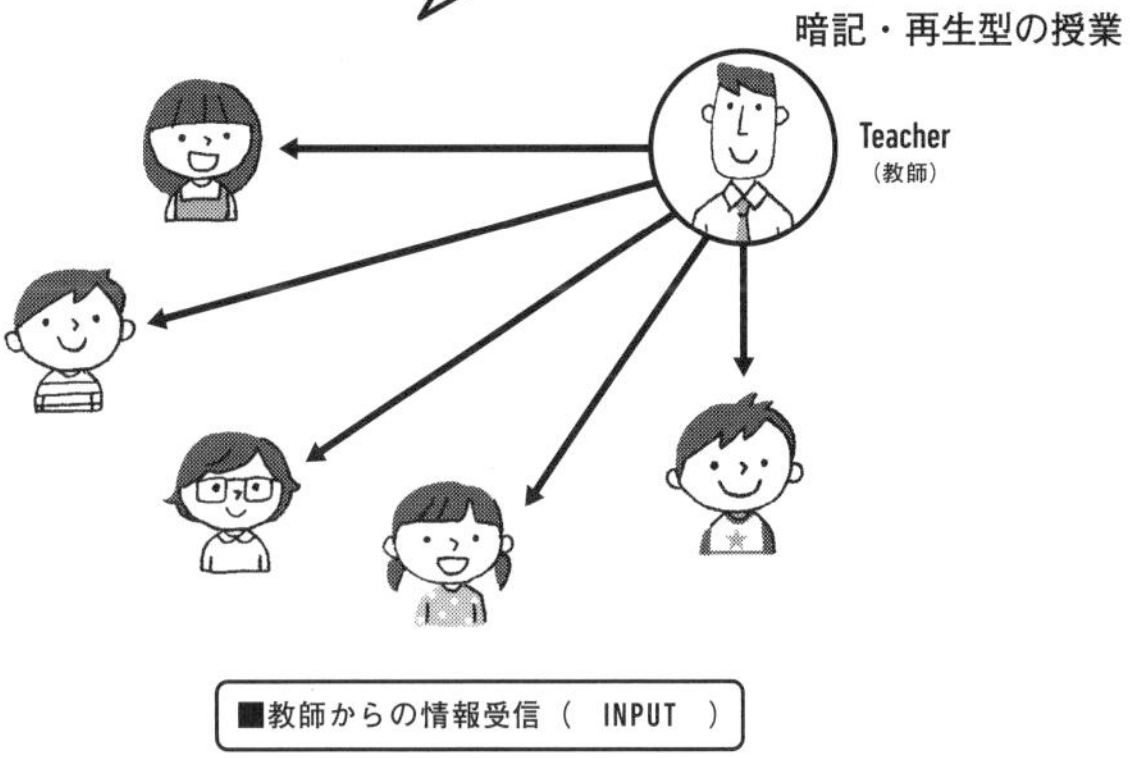
暗記・再生型の授業
Teacher
（教師）
■教師からの情報受信（　INPUT　）

図５

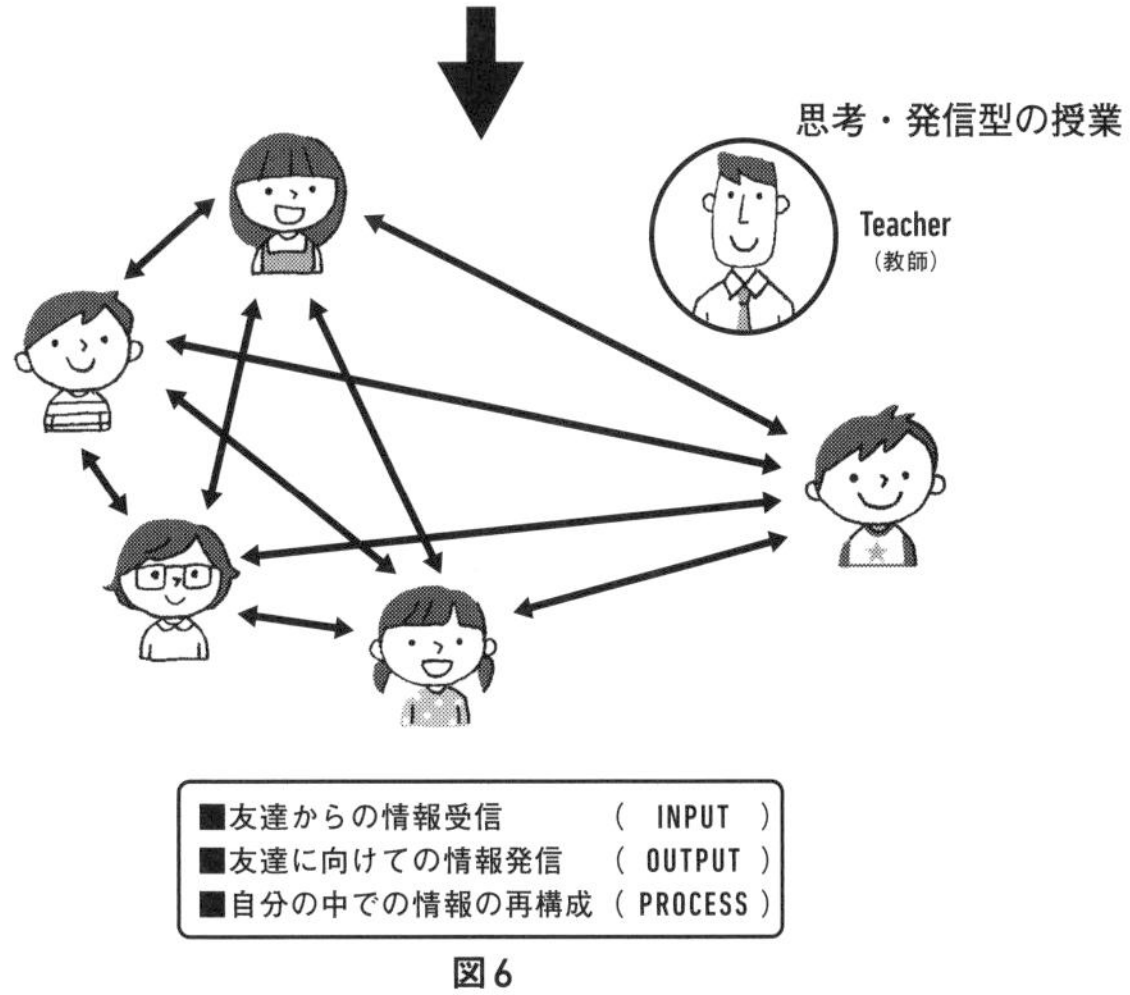
思考・発信型の授業
Teacher
（教師）
■友達からの情報受信　　　（　INPUT　）
■友達に向けての情報発信　（　OUTPUT　）
■自分の中での情報の再構成（　PROCESS　）

図６

4　インタラクション（相互作用）が育てる汎用的能力

図5の教授法は、これまで多くの学校で行われてきた、一方的で画一的な教師中心の授業スタイルである。

ここでは、教師はチョークとトークを駆使した暗記・再生型の授業を行ってきた。このときの教師の役割は正解の保持者であり、子どもは常に教師から正しいと思われる知識や技能を授け与えられるティーチングの関係になる。それと同時に、常に正解保持者の顔色をうかがうようにもなる。さらに問題なのは、こうした授業を繰り返しているうちに、子どもが同じ言葉を使い始める。

「先生、次は何をするんですか？」
「先生、次はどうするんですか？」

常に、教師の指示ばかりを受け続けている子どもは、いつしか受け身で、自ら考え判断することのない子どもに育ってしまう可能性がある。

一方、図6の教授法は、子ども同士の意見交換、話合いを活発に行う相互交流の多い子ども中心の授業スタイルである。ここでは、子どもの主体性や子ども一人一人の学びを重視した思考・発信型の授業が生成する。ここでの教師の役割は、子ども同士の情報交流を活性化し促進する、「ファシリテーター」としての力量が求められる。

こうした授業を繰り返していくと、子どもは次のような言葉を使い始める。

「先生、もっと○○したい」
「先生、みんなで○○しようよ」

常に、自ら考え、共に考えることを繰り返している子どもは、主体的に、協同的に行動する子どもに育っていくことが期待できる。

例えば、平和について探究的に学んできた子どもが、劇にして、平和の大切さを多くの人に伝えなければならないと考えるようになった。劇中で語る台詞**「あなたは一人じゃない、あなたの後には、未来を託した人がいる」**について次のような話合いが展開された。

A児：お母さんに守られていて無傷だった。お母さんが子どもに未来を託したんだと思う。

B児：私は、亡くなった人の思いがあると思う。自分の分まで生きてほしいと願っていると思う。
C児：くじけても助けてくれる、明日への言葉って感じがするよ。
D児：戦争が二度と起きてはほしくないって感じがするな。

すると、ここで再びA児が語り始めた。

A児：原爆直後に亡くなった人もいる。放射能で亡くなった人もいる。戦争が二度と起きないように、そうした多くの人の思いが、明日の未来に向けて僕たちに託されているんじゃないかな。

A児の発言は、明らかに質的に高く変容している。それは、B児とC児とD児の発話情報が、A児の知のネットワークを再構築した結果と考えることができよう。先に示した、ネットワーク化された知識が構築されていると考えることができる。

おそらく、こうしてネットワーク化された知識は、長きにわたって記憶にとどまると共に、次の場面でも活用できる、使い勝手のよい知識になることが予想できる。

教師に求められるファシリテーターとしての役割

一斉画一的な暗記・再生型の授業

さあ、この問題をやって
先生、次は何をするの？
先生、次はどうするの？

いつしか、受け身で
自ら考え判断することの
ない子どもに…

相互交流の多い思考・発信型の授業

Cグループ
Bグループ
Aグループ
うんうん
先生、もっと○○したい
次はこうしたらいいよ
その意見に賛成！

主体的で
自ら考え判断できる
ようになる！

プロセスとインタラクションの充実

　実社会で活用できる汎用的能力を育成するためには、探究的で協同的な学習が欠かせない。それは、子どもの学習がプロセスとインタラクションを重視したものになることを意味している。

　これまでに多くの教室で行われていた知識を習得するための学習活動では、授業の最後だけを取り上げて「覚えておきなさい」とした、エンドゾーンを重視する授業でもよかった。最後の最後に、「ここだけは覚えておきなさい」などと言われた昔の授業を記憶している方もいるのではないだろうか。

　そこには教師中心の、一斉的で、画一的な、受け身の授業が存在することとなった。これではかろうじて知識を伝授することができても、実社会で活用できる汎用的能力は育成されない。むしろ、受け身で、後ろ向きな実社会で役に立たない能力を育成する心配も生じる。もちろん、こうして獲得された知識さえも極めて危ういものとなる。

汎用的能力の育成は、プロセスとインタラクションの充実によって実現される。一人一人の子どもが、悩み、迷い、解決せずにはいられない課題を設定し、その課題の解決に向かって異なる他者と力を合わせて多様な取組を行う中で、問題解決の能力は育成される。

また、なんとしても相手に分かりやすく伝えたいと願い、発表の仕方を工夫し、繰り返し話したり、実際に伝えたりしていくことで、プレゼンテーションの能力は格段に進歩していく。こうして子どもの汎用的能力は発揮され、開発されていくのである。

汎用的能力を育成するためには、その学習活動において、子どもが本気になって、真剣に、自らの思いや願いの実現や課題の解決に向けて取り組むことが大切になる。なぜなら、汎用的能力は、一連の文脈化された問題の解決に対して、当事者が全力で取り組むことによってこそ育成されるからである。

各教科と総合的な学習の時間との相互作用が確実にする汎用的能力

汎用的能力を確かなものとして育成するためには、「各教科における習得・活用と総合的な学習の時間を中心とした探究」と、平成二〇年の中央教育審議会答申（「幼稚園、小学校、中学校、高等学校及び特別支援学校の学習指導要領等の改善について」）に示されたように、教育課程全体の役割分担と相互作用を意識することが大切になる。総合的な学習の時間と各教科との関連が生まれることによって、大きな成果を上げると考えることができる。

二〇～二九ページの探究プロセスで述べたように、各教科で学んだ知識や技能は、総合的な学習の時間で活用される。そのことによって、各教科で学んだ知識や技能は確かなものとなって身に付いていく。こうした各教科と総合的な学習の時間の相互作用が、教育課程上に生まれることが大切である。互いにバランスを取って、互いが共鳴し合うことで教育課程全体として大きな効果を発揮するのである（図7）。

また、図8に示すように総合的な学習の時間で喚起され、高まった意欲が各教科の学習活動を確かに下支えすることも容易にイメージできよう。

21世紀型学力は、実社会で活用できる汎用的能力を中心としている。そうした21世紀型の学力を育成するためには、総合的な学習の時間が重要になる。この総合的な学習の時間を中核としながらも、各教科とバランスよく調和する教育課程を実現することこそが、今、求められているのである。

総合的な学習の時間と各教科との相互作用が生まれるハイブリッド化した教育課程の創造と、そこで行われる探究的で協同的な学習の実現こそが、21世紀型学力としての汎用的能力を育成する、これからの教育なのである。

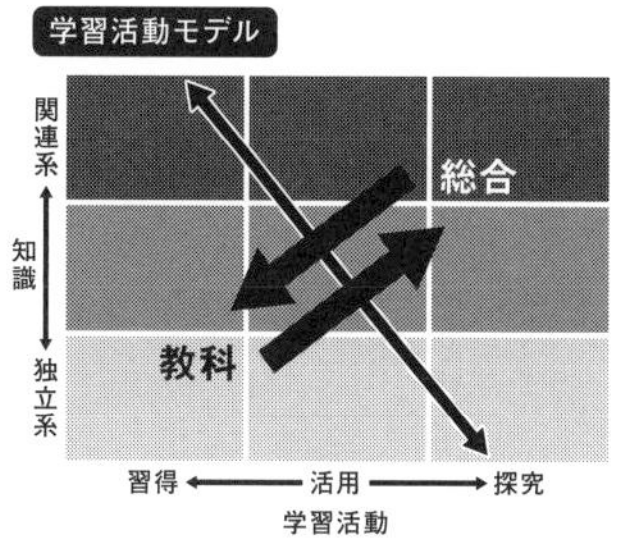

図7

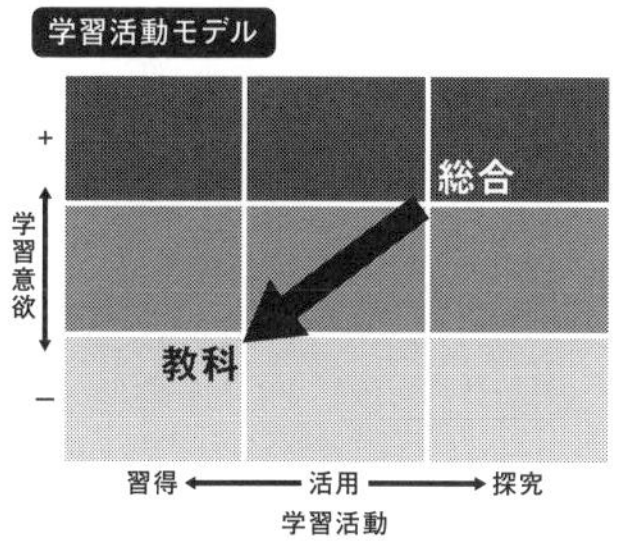

図8

COLUMN 1

全国学力・学習状況調査の結果

～探究と協同が育てる学力～

平成二五年度の全国学力・学習状況調査の結果が発表された後、私のところには、次のようなメールが具体的な数値と共に次々と送られてきた。

「総合的な学習の時間の研究をしていたのですが、B問題が大きく伸びました」
「一番嬉しかったのは無回答が減ったことです。総合的な学習の時間の成果だと思います」

総合的な学習の時間の実践研究を中心に行った結果、全国学力・学習状況調査に顕著な成果が出たという声であり、次のような共通点が見られる。

○総合的な学習の時間に力点を注いで実践研究していたので、数値の向上は意外だった。
○A問題の向上よりも、B問題に大きな変容が見られた。
○無回答が大きく減少した。

実際のデータでは、総合的な学習の時間の趣旨に沿って探究的な学習を行っている子どもほど、教科の平均正答率が高いことが明らかになった。中でも、知識の活用を問うB問題にその差は顕著に現れた。このことは、小学校のみならず、中学校においても相関関係が明らかになった。この関係は、平成二六年度の結果において、さらに顕著になっている。

平成二五年度の調査以来、児童生徒質問紙において、「『総合的な学習の時間』では、自分で課題を立てて、情報を集めて整理して、調べたことを発表するなどの学習活動に取り組んでいますか」という質問が加えられた。この質問に対する「当てはまる」「どちらかといえば、当てはまる」の回答の合計について、秋田県と全国とを比べてみると大きな違いがあり、小学校ではおよそ二〇ポイントもの差が生まれている。つまり、秋田県においては、総合的な学習の時間を探究的な学習として、着実に丁寧に行っていると考えることができる。秋田県ではA問題はもちろん、B問題においても全国平均との差が大きくなっている。

また、無回答についても、各設問ごとの無回答率の合計を集計すると次のような違いがあり、探究的な学習をしている秋田県では無回答も少ないことが明らかになった。

○小学校国語B問題　秋田：61・5／全国：135・9
○中学校数学B問題　秋田：152・2／全国：267・1

このことからも、探究的で協同的な学習を行うことが、期待する学力の育成に影響することがはっきりしたのである。

CHAPTER 2

教師力を磨く

―イメージ力のすすめ―

求められる教師の意識変革

1　なぜ、授業が変わらなければならないのか？

「授業改善が求められる」「授業を変えなければ」「新しい発想で授業をすべき」

こうした言葉を耳にすることが多い。学校における日々の授業こそが教育の根本であり、そこに全力を傾け、そのことに注力しなければならないことは理解できる。どんなに優れた学習指導要領やその解説、様々な指導資料が用意されたとしても、毎日繰り返される教室での営み、その中心である授業が充実しなければ、大きな教育的効果は期待しにくい。

もちろん、授業以外にも工夫し、改善しなければならないことがあるのは事実であろう。しかし、なんといっても**変革の本丸は、一年間に一〇〇〇単位時間以上も実施される授業**

なのであろう。

では、なぜ変わらなければならないのだろうか。結論を簡潔に言えば、求められる人材像が大きく変わってきたからであろう。

私が子どもの時代はキャッチアップの時代であり、そこでは、大量の知識を暗記し、間違えのないよう再生することが求められた。一方的に価値を与えられ、その価値を伝承していくことがよしとされた。そのことこそが求められる人材像だったのだろう。したがって、各学校の授業では一斉画一的で受け身の授業が行われていたように思う。

今は、**イノベーションの時代**である。私たち一人一人の手元に、正確で大量の情報が、瞬時に届くような社会になった。一つ一つの事実的知識を暗記し、再生することよりも、そうした知識を実際の生活の場面や問題解決の場面において、活用できる汎用的能力こそが求められるようになった。また、自ら新しい知を創造することこそが求められるようになった。そうした人材の育成こそが期待されているのだと思う。

社会が大きく変化し、求められる人材が大きく変わる中、各学校で行われるべき授業の有り様も変わることが必然として求められているのである。

21世紀の社会に求められる人材

キャッチアップ → **イノベーション**

《受け身の一斉学習》

▶▶▶

《能動的な協同学習》

2×2=4
2×3=6…

《知識・技能の暗記、習得》
《 既存知識の安定的再生 》

▶▶▶

AとBを組み合わせて…
Cを使ってみたら…

《汎用的能力の獲得》
《新しい価値の創造と行動》

求められる人材が大きく変わっている…

↓

何よりも、「授業」が変わっていく必要がある！

2 どうして、授業は変わらないのか？

社会の変化により、求められる人材像が変わるという社会的ニーズがありながら、「授業改善が求められる」「授業を変えなければ」「新しい発想で授業をすべき」などと繰り返し語られるのはなぜだろうか。

それは、なかなかに変わることのできない学校の日々の営み、授業の現実があるからであろう。ここで、新たに生まれる問いは、「どうして、授業は変わらないのか？」といった言葉に集約される。

授業が変わらない理由の一つに、**授業をする側の意識の問題**がある。「変わらなければならない」という強い意識の変革がなければ、当然のように変わろうと行動はしない。私を含めた多くの大人たちは、変化を苦手としていることが背景にあるのかもしれない。よく言われる、「現状維持」という言葉も、こうした意識に関係しているのだろう。

もう一つの理由は、**授業する側のイメージの問題**がある。イメージというものは、極めて強固に私たちの行動を規定する傾向がある。イメージがあるからこそ、私たちは豊かに思いを共有したり、自らの進むべき方向を明らかにしたりすることができる。しかし一方で、そのイメージに縛られ、イメージ通りに振る舞う傾向が、私を含めた大人たちにはあるのではないだろうか。「思い込み」と表現される様々な行為や思考は、当事者にとっては思い込みでない場合が多い。つまり、そのことに気付いていないことが多い。

こうしたことから、学校の授業は、教師自身が子ども時代に体験してきた授業を再現する傾向に陥りやすい。その結果、

「アクション、シンキング、チームワークなどの社会人基礎力の育成が重要だ」

「教育界の考える人材育成と産業界の期待する人材にミスマッチが生じている」

「社会人基礎力のみならず就職基礎能力、学士力などの提言を意識すべきだ」

「キーコンピテンシー、21世紀型スキル、21世紀型能力などの国際的に話題になっている今日的学力を視野に入れ育成すべきだ」

「知識基盤社会がやってきて、汎用的能力が求められる。自ら考え、判断し、行動したり表現したりする力が必要になる」


などの言葉に触れる機会はあっても、そのことに納得し、そのことが腑に落ち、自ら新たな変化に向けて授業を改善していこうとする姿は生まれにくいのかもしれない。

3
どうすれば授業は変わるのか？そして、どのように変わればよいのか

では、どうすれば授業が変わるのか。私は、授業における子どもの姿を実感することこそが、教師の授業を変えていく王道ではないかと考えている。

世界のスーパースターとも言われる日本の教師は、極めて熱心に授業について考え、授業の改善に取り組んでいる。そのことが、世界に誇る「授業研究」を生み出し、「授業研究」が学校教育や学校文化を当たり前のように支える状況になっている。そうした誠実な教師にとっては、授業における子どもの姿を実感することによって意識が変わり、授業イメージも変わっていくのではないかと考える。

新しい発想の授業、イノベーティブな授業を参観して、子どもの能動的な学習の姿を目の当たりにすれば、教師の意識やイメージは大きく変わり始める。さらには、そうした授業の改善を実際に行ったことにより、自分の学級の子どもの姿が大きく変容し、今までの授業とは異なる子どもの姿に触れることができるようになれば、教師の意識やイメージの変革は確かなものになる。

そのためにも、どのように授業を改善すればよいのかを明らかにすることが求められる。単純化して示すならば、受身で個別的な暗記・再生型の授業を、**探究で協同的な思考・発信型の授業に変えていくイメージをもつこと**がポイントになるのであろう。教師が教えるべき内容を必死になって教え込む、教師中心の授業を変革していかなければならない。変革の先には、学び手である子ども一人一人が真剣に本気になって学ぶ授業が期待される。つまり、教師中心から学習者中心へと大きな転換を図らなければならないのである。このことこそが、「チャイルド・センター」とする世界の潮流なのであろう。

しかし、ここで十分に配慮しなければならないことがある。一つは、子ども中心だからと言って、子どものやりたいことを、好き勝手な放任主義のようにして行えばよいというわけではない。そこには、したたかで、用意周到な教師の指導力を発揮すべきなのである。子どもも一人一人の主体性は、質の高い教師の指導力によって、より一層確かなものとなる。

もう一つ心がけることは、教師中心から学習者中心に転換を図るからと言って、**教師中心の指導の有り様が全て否定されるわけではない**と言うことである。分かりやすく説明できる話し方、興味・関心を喚起する教材提示の仕方など、これまでに大切にされてきた指導法も大切にしたい。要は、どちらか一つを選択する二者択一ではなく、学習者中心にシフトチェンジしながらも、両者のバランスや調和を図ることにあるのであろう。

授業を変えるためのポイント

①「受身・個別」から「探究・協同」のイメージをもつ

探究・協同…

②「教師中心」から「学習者中心」へ転換する

子ども一人一人が本気になって学ぶ
好き勝手な放任主義のようにはしない

③教師中心のよい指導法は「継承」する

分かりやすい話し方

板書の書き方

教材提示の仕方

教師力はイメージする力

1 ── 教師のイメージ力で実現する授業づくり

「子どもが生き生きとする授業を実現したい」
「子どもの成長が実感できる授業をしてみたい」

このように考えるのは、教師であれば誰もが同じであろう。教師の喜びは子どもの成長やその姿にあり、それは日々の授業の積み重ねによって実現される。そうした授業を実現できる力を身に付けることが、多くの教師の願いであることは間違いない。

では、どのような力があれば、そうした授業が実現できるのだろうか。私は、**「イメー**

ジカ」こそが、優れた授業を実現する重要な教師力であると考える。

全ての教師が授業のイメージをもち、その授業を目指して実践の準備を整える。単元を構想し、授業展開を考えながら、学習指導案を作成していく。このときに、それぞれの教師のもっているイメージが、クリアーであればあるほど、その実践に迫りやすいことは言うまでもない。

霧に包まれたような、ぼんやりとした授業を目指そうとしても、それは難しい。自分のクラスの子ども一人一人が、本気になって学習活動に没頭する姿を具体的に思い浮かべることができる授業イメージであれば、その実現可能性は飛躍的に高まる。

クリアーな授業イメージとぼんやりとした授業イメージと共に、授業イメージにはもう一つの二分法が考えられる。それは、**質の高い授業イメージ**と**質の低い授業イメージ**である。子どもたちが真剣になって学習課題に向かい、本気で学び合う子ども中心の授業イメージを持っている教師もいれば、子どもの意識や思いを軽視して、強引に一方的に教え込む授業イメージをもつ教師がいないわけではない。目指すべきは、クリアーで、かつ、質の高い授業イメージをもつことであろう。

2　イメージ力を高める三つの方法

この「イメージ力」は、生まれながらに備わっているものではなく、日々の精進と努力によって確実に高めることができるものであり、具体的には次の点を心がけることが大切である。

(1)　自ら授業を実践し、多くの人に参観してもらう
(2)　多くの優れた授業実践を参観する
(3)　日々の授業実践について語り合う

つまり、授業を**「行う、見る、語る」**ことを繰り返す中で、一人一人の教師の「イメージ力」は確実に向上していく。

(1) 自ら授業を実践し、多くの人に参観してもらう

まずは、自分自身の授業実践を繰り返し行うことである。

ここでポイントとなるのは、**意図的に授業を行うこと**である。一年間の全ての授業に指導案を作成し、完璧な教材研究を行って授業に臨むことはなかなか難しい。しかし、そうした意図的な授業を行う回数、頻度を可能な限り高めることが大切になる。ちょっとした教材やワークシートを用意したり、好奇心を喚起する学習活動の設定や学習環境の構成を工夫したりすることを継続することが重要である。

派手な研究授業を一年に一回だけ行うより、わずかな工夫を地道に、しかし着実に繰り返すことを心がけたい。そのためにも、多くの人に授業を参観してもらう機会をもつことをお勧めしたい。なぜなら、授業というものは、ついつい自己流なスタイルになりがちだからである。それは、日々の授業が、閉ざされがちな傾向にある「教室」という空間で実施されるからでもある。

教室を開き、自らの授業を多くの人に参観してもらうことで、工夫を施した意図的な授業実践を実現しやすくなる。独善に陥りやすい授業実践に、適切なアドバイスを得ることにつながるのである。

(2) 多くの優れた授業実践を参観する

次に、できる限り多くの授業を見ることを勧めたい。しかも、優れた実践であることが望ましい。身近に存在する素晴らしい実践者、例えば、子どもの思いをくみ取ることの優れた実践者、子どもの驚きをいつも生み出す実践者、教室が笑顔で溢れている実践者。憧れの実践者から多くのことを学ぶことが教師力を磨くことにつながる。優れた授業実践を目の当たりにするほど、質の高い授業イメージはクリアーになっていくであろう。

その際に留意したい点がある。**できる限り授業の記録を書き記すこと**である。授業をよりよく見たいと思うなら、授業を緻密に記録する必要がある。授業中の教室で起きている全ての出来事を書き記すくらいの意気込みで記録したい。なぜなら、授業記録とは、授業を参観した結果をよりよく記録するためのものではなく、記録することによって授業をよりよく見るためのものだからである。

(3) 日々の授業実践について語り合う

多くの授業を参観したいと考えていても、限界があることも事実である。そこで、考えられる方法が授業を語ることである。休憩時間や放課後に、先輩教師に授業についての教えを請う。具体的な授業場面を伝え、改善策やその方法を指南してもらうのだ。こうした繰り返しが教師の腕を上げていく。授業について語ることは日常的に、しかも継続的に行うことができる。フォーマルな場面では話しにくいこと、聞きにくいことも、インフォーマルな場面なら安心して相談することもできる。

話題は授業だけでなくてもよい。子どもの作品をどのように評価するかを相談したり、学級経営についてのヒントをもらったりすることも大切なことである。

とりわけ生活科や総合的な学習の時間では、授業で扱う学習対象や素材が学校や地域によって変わり、その結果、単元構成も一時間一時間の授業も各学校で異なる。このことが生活科や総合的な学習の時間としての好ましい独自性を生み出しているものの、実践する側としては授業づくりの難しさにもつながっている。だからこそ、「行う、見る、語る」ことによって一人一人の教師の「イメージ力」を高め、各学校や地域の特色に応じた、自分の学級に相応しい授業づくりを実現することが大切になる。

授業を中心とした「行う、見る、語る」ことを繰り返す中で、一人一人の教師の「イメージ力」は本物になっていく。

3　高めたい二つの「イメージ力」

実際に授業づくりを確かなものにしていくためには、**二つの「イメージ力」**が必要となる。

(1)　単元のイメージ力
(2)　授業のイメージ力

この二つのイメージを鮮明にすることにより、単位時間の授業が確かなものになる。

(1)　単元のイメージ力を高める

単元のイメージを明らかにするためには、図9を参考におよそ三つの段階で行うとよい。

①発想の段階

第一段階は、**発想する段階**である。

ここでは、およその単元の概要を思い描くことが必要となる。このときに考えなければならない要素として、次の三つが考えられる。一つは子どもの興味・関心、二つは教師の願い、三つは学習活動や教材である。まずは、目の前の子どもたちはどのような実態があるのか。どのようなことに興味や関心があり、どのような学習を志向しているかなどを明らかにしたい。子どもの興味・関心と教師の願いの間に、単元の中心的な学習活動や学習材（教材）がはっきりとしてくることとなる。

②構想の段階

第二段階は、**構想する段階**である。

ここでポイントとなるのが、子どもの思いや願い、関心や疑問を生かす子ども中心の単元とするか、意図した学習を効果的に生み出す教師中心の単元とするかである。ここで教師の願いが優先される学習が、いわゆる「内容に基づく単元」と呼ばれ、子どもの興味・関心が優先される学習が、いわゆる「経験に基づく単元」と呼ばれる。内容に基づくのか、経験に基づくのかは二者択一の問題ではない。いかに両者のバランスや調和を取るかにある。この両者のバランスは、教科の特性や単元の特性によって比重や割合が変わってくると考えるべきであろう。

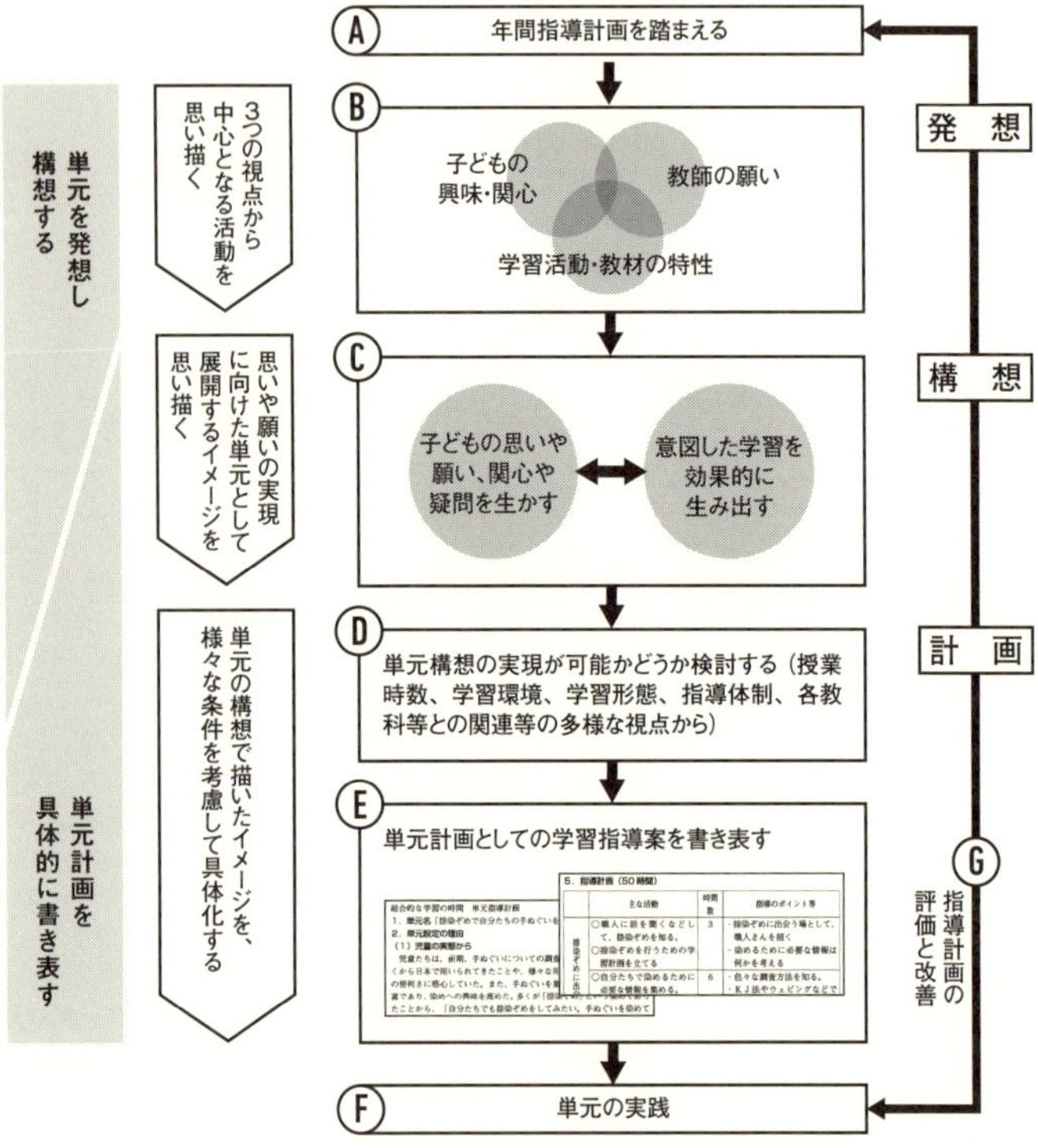

単元を発想し構想する
3つの視点から中心となる活動を思い描く
思いや願いの実現に向けた単元として展開するイメージを思い描く
単元の構想で描いたイメージを、様々な条件を考慮して具体化する
単元計画を具体的に書き表す
A
年間指導計画を踏まえる
B
子どもの興味・関心
教師の願い
学習活動・教材の特性
C
子どもの思いや願い、関心や疑問を生かす
意図した学習を効果的に生み出す
D
単元構想の実現が可能かどうか検討する（授業時数、学習環境、学習形態、指導体制、各教科等との関連等の多様な視点から）
E
単元計画としての学習指導案を書き表す
F
単元の実践
発想
構想
計画
G
指導計画の評価と改善

図９　単元のイメージを明らかにする三つの段階

例えば、生活科の栽培単元なら、子どもの興味・関心を生かして栽培する作物を選ぶことが考えられるであろう。とはいえ、子どもの育てたい作物を好き勝手に選ばせてしまっては、期待する学習が展開されるとも限らない。一年生になって、初めて一人で栽培活動を行うとすれば、発芽から開花、種取りまでが安定的に行われ、成長の様子も楽しめる「アサガオ」を選択することが考えられる。

このとき、指導者である教師は、アサガオに強く興味・関心を抱くような工夫をする。それは、上級生の二年生からアサガオの種をプレゼントしてもらうことだったり、アサガオの絵本を一緒に読むことだったりする。このような活動を行うことで、そもそも抱いていた栽培への期待が、アサガオの栽培への期待へと大きく膨らんでいくのである。こうして、単元で行う中心的な学習活動や中心的に扱う学習材（教材）が明らかになっていく。

一方、二年生の算数のかけ算の単元を考えてみよう。教師は、子どもが興味・関心を高めるように具体物を用意したり卵パックで学習活動を行ったりするなど、日常の暮らしとの関係を強調して学習活動を行うようにすることが考えられる。

しかし、子どもが出会うかけ算九九は、やはり五の段から始まり、次いで二の段へと進めていくことになることが多いだろう。それは、学習内容としてのかけ算の特性がそこにあり、その点においては教師の願いとしての学習内容が優先する。

このように考えてみると、生活科の栽培単元も算数のかけ算の単元も子どもの興味・関心と教師の願いを視野に入れ、その両者の間に学ぶべき内容が実現しやすくなる学習活動や学習材（教材）が生成することとなる。教科の特性や単元の特性に応じて、子どもの興味・関心に比重が置かれる場合もあれば、教師の願いに重きが置かれることもある。

③計画の段階

第三段階は、**計画する段階**である。

発想の段階で生まれてきた様々な学習活動を、一連の問題解決の流れと子どものスムーズな意識の流れに沿った展開として整えることになる。この段階では、具体的な単元計画として実現可能かどうかを幅広く検討していくことが求められる。例えば、授業時数、学習環境、学習形態、指導体制、各教科等との関連なども視野に入れて指導計画を立案していく。このときに最も意識しなければならないのが、一連の問題解決のまとまりとして学習活動が単元化されているかにある。その単元イメージを明らかにすることについて、生活科と総合的な学習の時間を例にして考えてみよう。

生活科で単元をイメージする際には、図10を参考にしたい。生活科では、体験活動が質的に高まっていくことを期待する。しかし、ただ単に活動や体験を繰り返していれば高まっていくわけではない。そこで、話合いや交流、伝え合いや発表などの表現活動が、単元に適切に位置付けられる。**この体験活動と表現活動の相互作用が学習活動を質的に高めていく。**例えば、一回目の町探検に行き、そのことを教室で発表し合いながら情報交換する。すると、子どもは「僕の知らないことがいっぱいあるんだなあ。また、町探検に行きたいな」と、二回目の町探検が始まる。二回目の町探検の後、教室で地図を使って町のすてき発見を紹介し合っていると、「僕たちの町って、すてきな人がいっぱいいるんだな。もっと、お

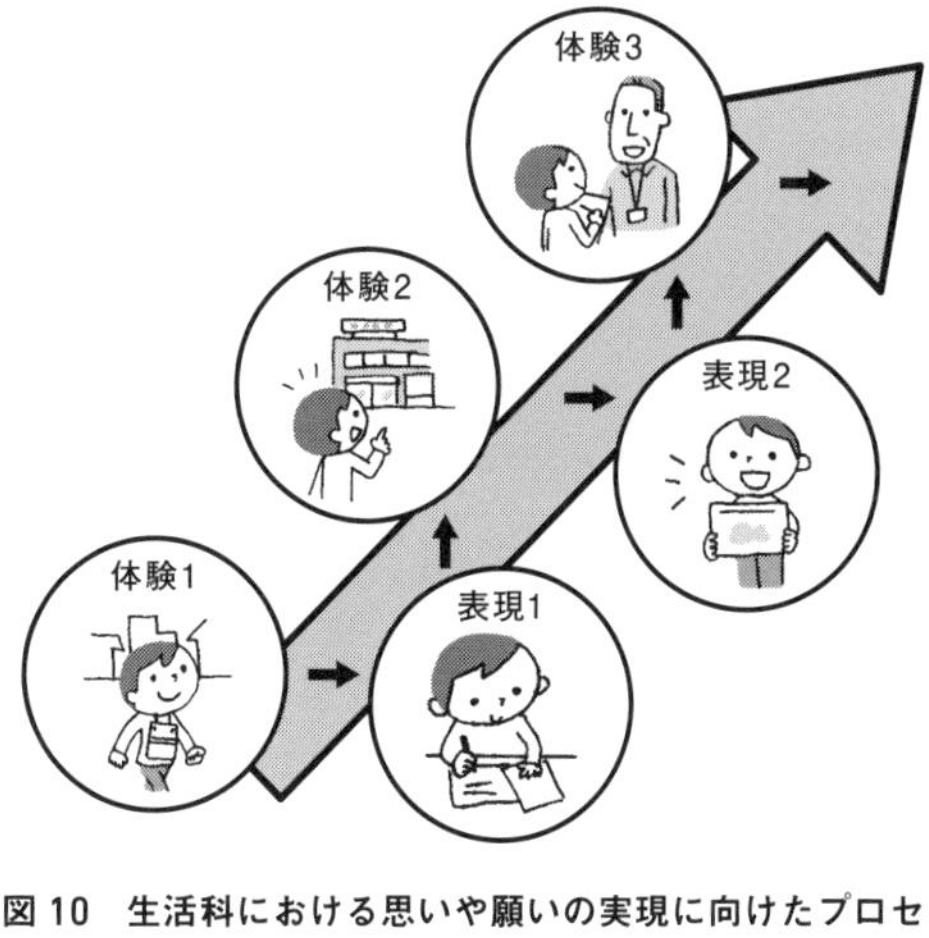

図10　生活科における思いや願いの実現に向けたプロセス

話が聞きたいな」と、インタビュー探検が始まる。このように、生活科では、体験活動と表現活動とを相互に繰り返しながら思いや願いを実現していくプロセスこそが、学習活動の質的な高まりを実現していく。

総合的な学習の時間については、一九ページの図2を参考にしたい。「①課題の設定」→「②情報の収集」→「③整理・分析」→「④まとめ・表現」といったプロセスが繰り返し発展的に行われることをイメージしたい。

生活科にせよ、総合的な学習の時間にせよ、どちらも**子どもの思いや願いの実現に向けたプロセスとなること、課題の解決に向けた探究のプロセスとなること**がポイントとなる。

(2) 授業のイメージ力を高める

授業をイメージする際には、図11を参考にしたい。およそ全ての授業では、子どもに何らかの変容を期待する。それは、関心や意欲の高まりであったり、真剣に考え、何かに気付くことであったりする。

そのような授業を実現するためには、まず、子どもの姿を確かにとらえる**「見取る」**ことが必要であり、その姿がどのように変容することを期待しているのかを示す**「見通す」**ことが欠かせない。この両者を結び付けるところに**「具現する」**四五分の授業が存在し、そこで教師が様々な取組をすることになる。つまり、入り口の「見取る」と出口の「見通す」がなければ、「具現する」を考え、イメージすることは難しい。

①よりよく見取るために

授業を行うには、子どもの姿を丁寧に、確かに見取ることが求められる。子どもはどのような状況なのか、どのようなことに興味・関心があるのかを明らかにしなければ具体的に手立てを考えることはできない。

これまでの子どもの見取りは、授業後の評

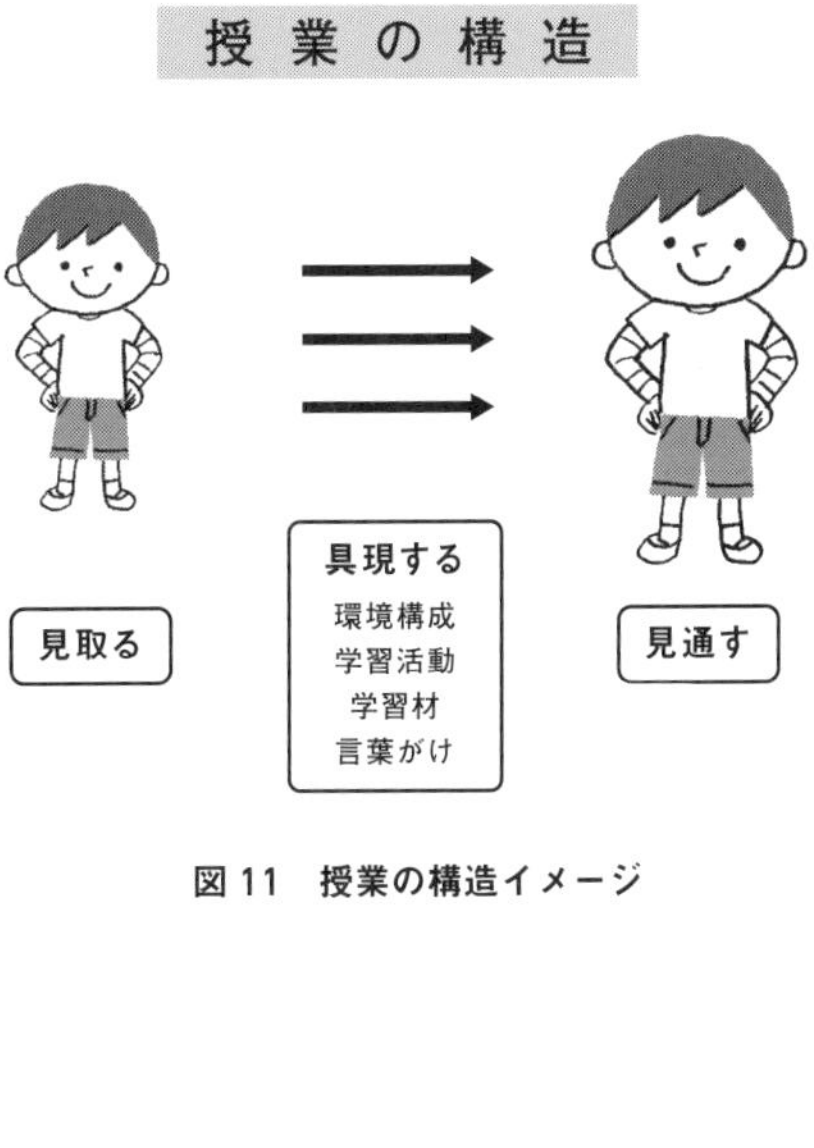
授業の構造
見取る
具現する
環境構成
学習活動
学習材
言葉がけ
見通す

図11　授業の構造イメージ

価をする際に行われることが多かった。つまり、学習活動の成果として、どのように知識が獲得されたかを確認するペーパーテストのイメージである。極めて限定的な内容を、極めて限定的な方法と場面によって確認しようとしてきた。

しかし、本来、子どもの姿を見取るということは、診断し、結果を当事者や保護者に伝えることのみを目的とするのではなく、むしろ、**診断し、その結果を指導に反映することが重要なはずであった。**あらかじめ子どもの姿を丁寧に、確かに見取ることの価値はここにこそある。

ここで問題になるのが、どのようにすれば丁寧に、確かに見取ることができるかにある。これまでの評価の有り様を見つめ直し、次の視点で見取ることを提案したい。

○子どもの姿を継続的に見取る（長い目）
○子どもの多様な姿を見取る（広い目）
○子どもの姿を想定して見取る（基本の目）

私が若き教師として教壇に立っていたときには、このような見取りができるようになるために、毎日、放課後の教室で、一日の子どもの姿を座席表に書き起こす作業を繰り返し行っていた。そこには、全ての子どもの姿をなかなか書き記すことができない自分がいた。どうしても、一部の目立った子どもの姿しか記録できない自分がいた。

そのため、できるだけ多くの人の評価を聞くようにしていた。養護教諭や栄養教諭の意見を聞いたり、保護者の声や地域の人の情報を参考にしたりした。そうする中で、自分が気付きにくい子どもの姿を学ぶことができた。羅生門的評価を学ぶ機会となっていたように思う。

各学校においては、次のような研修を行ってはどうだろうか。

子どもの作品を一つの評価規準で評定し、それを付き合わせる研修である。具体的な作品を通して評価規準を明確にすると共に、複数の目で評価規準を馴らしていく作業と言える。これを**「モデレーション」**という。各学校においてモデレーションを行うことで、子どもの見取りは、より一層確かなものになるだろう。

②よりよく見通すために

授業の出口を明らかにすることは、授業の質を高める重要な要素となる。授業が終わったときの子どもの姿を明らかにすること、授業の終末でどのような子どもの成長を期待しているかをはっきりさせること、授業の最後にどのような子どもの発言を願い、どのような子どもの文章表現を意図しているのかをクリアーにしなければ、具体的な授業の手立てを考えることは難しい。

一般的には、それが本時のねらいや本時の目標として学習指導案などに記載されることになる。しかし、その記述が曖昧なことも多いのではないだろうか。「…について工夫して取り組んでいる」とか「…について考えている」などの記述である。どのような工夫を願っているのか、どのような思考を期待しているのか、このことを明らかにせずして具体的な本時の指導を考えることは難しい。**本時のねらいを明確に、精度を上げて記すことを大切にしたい。**

その際、子どもの意識として不自然ではないか、学習内容として不適切ではないかなどを検討していく必要があろう。

③よりよく具現するために

入り口の見取ることと、出口の見通すことが明らかになれば、それをつなぐ具現する本時の手立てを考えることができるようになる。このことをブラックボックスのままにせず、透明でクリアーなものにすることが目指すべき授業を実現する近道になる。

ここでは例えば、次のような方法が検討されることとなる。

○どのような学習活動を設定するか
○どのような学習環境を構成するか
○どのような板書で学び合いを深めるか
○どのような言葉がけで働きかけるか

これらの全てにおいて、見取った目の前の子どもに相応しく、見通した目指すべきねらいの実現に寄与する、意図的で具体的なものであることが欠かせない。

例えば、生活科では、子どもが充実した活動や体験をすると共に、そのことで生まれる気付きが大切である。この気付きが質的に高まることによって、子どもの学びは一層充実したものへと高まっていく。学習環境の構成や学習活動の設定などで、気付きの質を高める授業を「具現する」ことを考えていく必要があろう。また、一人一人の子どもに応じた適切な言葉がけによって気付きを自覚するようにしたり、子どものイメージを膨らませる板書によって学び合いを促進し気付きを関連付けるようにしたりして、期待する授業を「具現する」ことを考えていくことが大切になる。

イメージ力豊かな教師が行う単元づくりと授業づくりのポイント

1　単元づくりのポイント

単元は、思いや願いの実現に向けた活動や、問題の解決や探究活動のまとまりとなるように計画することが大切である。子どもは、自分を取り巻く「人」「もの」「こと」について、様々な関心や疑問を抱いている。教師は、その中から教育的に見て価値のあるものをとらえ、それを適切に生かして学習活動を組織する。

このようにして生み出された単元は、子どもの関心や疑問を拠り所とするので、子どもの活動への意欲は高い。また、そこでの学習も真剣なものとなりやすく、学んだ内容も生きて働くものとなることが多い。

その一方で、子どもが主体的に進める活動の展開においては、教師が意図した内容を子どもが自ら学んでいくように単元を構成することに難しさがある。このことがうまくいかないと、単なる体験や活動に終始してしまう場合もある。いわゆる「活動あって学びなし」とは、このような状況に陥った実践を批判した表現である。

では、子どもの関心や疑問をどのようにとらえ、単元計画につなげていけばよいだろうか。そこには、三つの留意すべき点がある。

第一に、子どもの関心や疑問は、その全てを本人が意識しているとは限らず、無意識の中に存在している部分も多いととらえることである。

第二に、子どもの関心や疑問とは、子どもの内に閉ざされた固定的なものではなく、環境との相互作用の中で生まれ、変化するものととらえることである。

第三に、子どもの切実な関心や疑問であれば何を取り上げてもよいというわけではなく、価値ある学習に結び付く見込みがあるものを取り上げ、単元を計画することである。

子どもの疑問や関心を源とする子ども主体の学習活動の中で、いかにすれば教師が意図する学習を効果的に生み出すことができるかについて、以下の二点を大切にしたい。

一つは、**学習の展開における子どもの意識や活動の向かう方向を的確に予測することで**

ある。そのための方策としては、まず、子どもの立場で考えること。次に、複数の教師で予測を行い、意見が異なった点については慎重に検討すること。また、タイプの異なる子どもを想定し、「この子どもであれば、この場面ではこう考えるのではないか」などと、可能な限り具体に即して丁寧に予測すること、などが考えられる。

二つは、**十分な教材研究である。**例えば、「そばづくりをしよう」の単元であれば、そばが健康食として注目を浴びているということや、その地域におけるそばづくりの歴史的経緯などについて教師が十分に把握していなければ、活動場面における学習の可能性に気付くことは難しい。地域性や発展性を意識した教材研究を心がけたい。

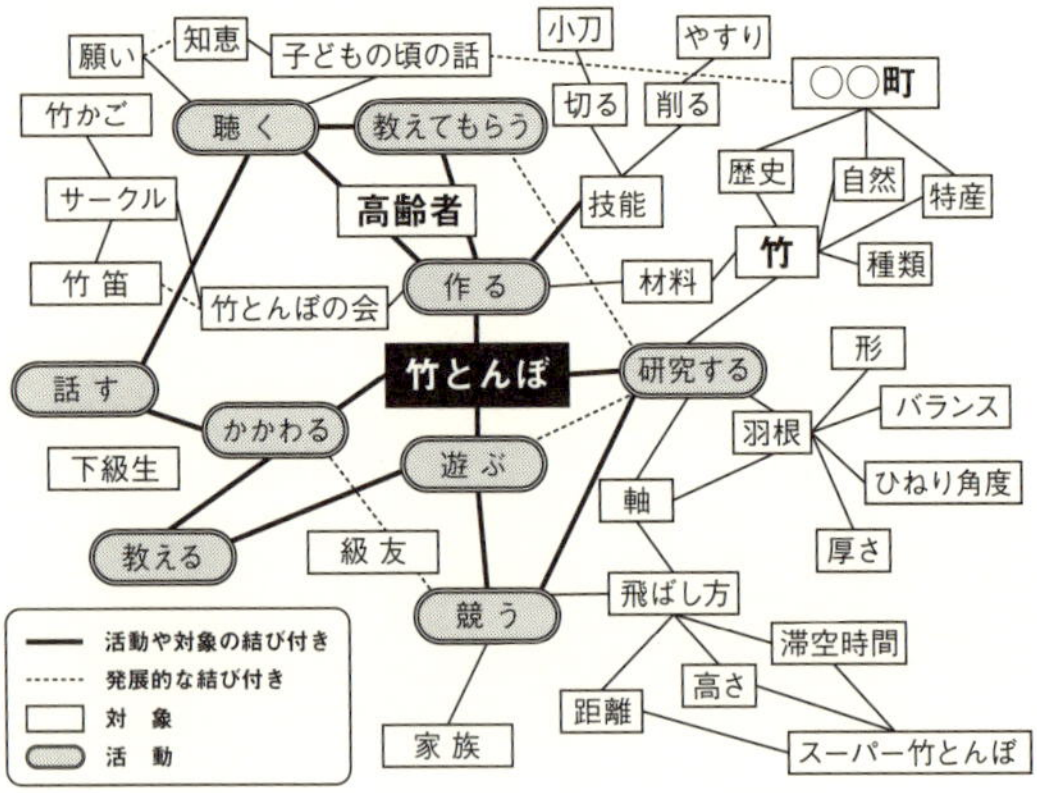

図12 「竹とんぼ」の教材としての広がり

そのため、「竹とんぼ」の教材として広がりを想定した図12のように、学習材（教材）の研究においても、できるだけ幅広く、拡散的に思考を巡らせていくことが重要である。

2 授業づくりのポイント

次に、学習活動、学習環境、板書や言葉がけにおける留意事項を示しながら、授業づくりのポイントについて考えていく。

(1) 学習活動における留意事項

授業において、どのような学習活動を設定し、それをどのように行うのかということは極めて重要なポイントである。

①ねらいを実現する

活動性の豊かな授業では、子どもの活発な姿が生まれる。しかし、活発であればよいというわけではなく、その活動がねらいに向かっていくものでなければならない。

公園で活動する場合でも、公園の公共性に気付いてほしいのか、公園の季節の変化に気付いてほしいのかで行う学習活動は大きく変わる。子どもの意識に合わせながら、その時間のねらいに向かう学習活動を行わなければならない。

②地域を生かす

それぞれの学校が存在する地域には、それぞれのよさや特徴がある。海の近くの学校は、海の自然や海で働く人など、海を扱った学習活動を行ったほうがよい。地域性を生かすことで、繰り返しかかわったり、試行錯誤したりすることにつながるからである。

活動や体験は、単発ではなく、何度も何度も繰り返し行ったり、改善に向けて試行錯誤したりしていくことが大切である。そうすることで、事象とのかかわりは深まり、かけがえのない存在になっていく。毎日継続して行ったり、条件を変えて再試行したりできる活動を用意したい。

③発達に合わせる

子どもの発達に合った学習活動を行うことが大切である。対象と一体化することが得意な低学年なら、「朝顔キャップで朝顔の声を聞こう」というような学習活動が考えられる。

客観的で分析的な思考ができるようになる高学年なら、後にも述べる思考ツールなどを使って、たくさんの情報を整理・分析する学習活動などが考えられる。

子どもの発達に合った適切な学習活動を行うことこそが、確かな学力の育成につながる。

④一人一人に対応する

子ども一人一人の思いや願い、問いや疑問を大切にすることが大切である。このことは、結果として学習活動が多様に広がることにつながる。したがって、教師は活動の多様性を好ましいものとしてとらえ、それを生かしながら豊かな学習活動へと高めていくことを意識したい。

一方、多様に広がり過ぎてうまくいかないこともある。教師自身が対応できる範囲での多様性を確保し、一人一人の学習活動が確実に高まることを実現しなければならない。

⑤安全性や時間数に配慮する

①〜④などを意識しながら、「十分な安全性が確保されているか」「適切な時間数を計画しているか」などについても配慮したい。

(2) 環境構成における留意事項

学習環境を整えることによって子どもの学習活動を支えるという考え方は、環境を通して学ぶことを大切にしている「幼児教育」に学ぶことが多い。一人一人の子どもの思いや願いを重視し、自ら自発的に活動を行うようにするには、子どもの関心はどこにあるのか、子どもは何を実現したいのかなどを、あらかじめとらえておくことが欠かせない。そのとらえをもとに、ねらいの実現に向けた「時間」「空間」「人間」などの子どもを取り巻く学習環境を的確に構成することが大切である。

①空間環境の構成を意識する

学習環境を構成する際には、「空間」をどのように構成するかが大切となる。場所はどこで行うか、広さは適切であるか、子どもの動線に合った配置やレイアウトになっているか、材料や道具は適切か。これらのことについて、十分な配慮をしていくことが欠かせない。適切な学習環境を構成することで、子どもの自発的な活動が生み出されるのである。

また、学習形態によって学習環境も大きく変わっていく。例えばグループ活動を行うとすれば、人数、構成メンバー、処理スペースなどに十分な配慮が必要である。

②時間環境の構成を意識する

学習環境を構成する際には、「時間」をどのように構成するかも考えられる。どの時刻に行うか、時間は十分に確保されているか、一人一人の活動時間の違いへの対応が意識されているかなどについて、十分な配慮をしていくことが欠かせない。

朝の町探検と、昼の町探検とでは、町の様子は大きく異なる。一〇分のおもちゃづくりと三〇分のおもちゃづくりでは、子どもの学習活動の広がりと高まりは当然異なる。時間は目に見えにくい環境構成の要素であるが、活動の正否を左右する重要なものである。

③人こそが大切な環境

子どもと直接かかわる「人」こそが、最も身近で、最も重要な環境の一つと考えたい。とりわけ教師は子どものすぐそばにいて、毎日、毎時間かかわり続ける関係の深い存在である。

したがって、教師は、ニコニコとした笑顔でいること、落ち着いて安定した心もちで接すること、自ら対象に働きかけること、広く誰とでもやりとりできること、共に力を合わせて取り組めることなどを、常に心がけるようにしたい。

(3) 板書や言葉がけにおける留意事項

例えば生活科では、板書を行う授業とそうでない授業が考えられ、他の教科と比べて板書を行う機会は比較的少ない。それは、活動や体験をすることが第一に考えられ、そうした授業では、板書などを行う必要が少ないからである。

だからと言って、板書が全く必要ないかと言えばそうではない。低学年であることを考えると、文字を少なくし、絵やイラスト、写真やマークなどを工夫して板書を構成することが大切になる。黒板全体から次の学習活動のイメージを広げたり、振り返りながら考え、新たなことに気付いたりするような構成に配慮したい。一方、高学年の場合は、構造的な板書を心がける必要がある。単に、右上から左下に縦書きで、左上から右下に横書きで記録していけばよいわけではない。子どもの発話情報を即座にキャッチし、適切な場所にカラー等も意識してレイアウトするグラフィカルな板書を心がけなければならない。

また、活動中には、子ども一人一人への対応を言葉がけによって行い、学習活動の促進を図っていく。子どもへの言葉がけは、**共感の姿勢を基本と考えたい**。その上で、子どもの学習活動を「いいねえ。そういうことだったんだ」と意味付け、「すごいね。大発見だね」と価値付け、「なるほど。そうしていくんだね」と方向付けることなどが大切になる。

低学年の板書例

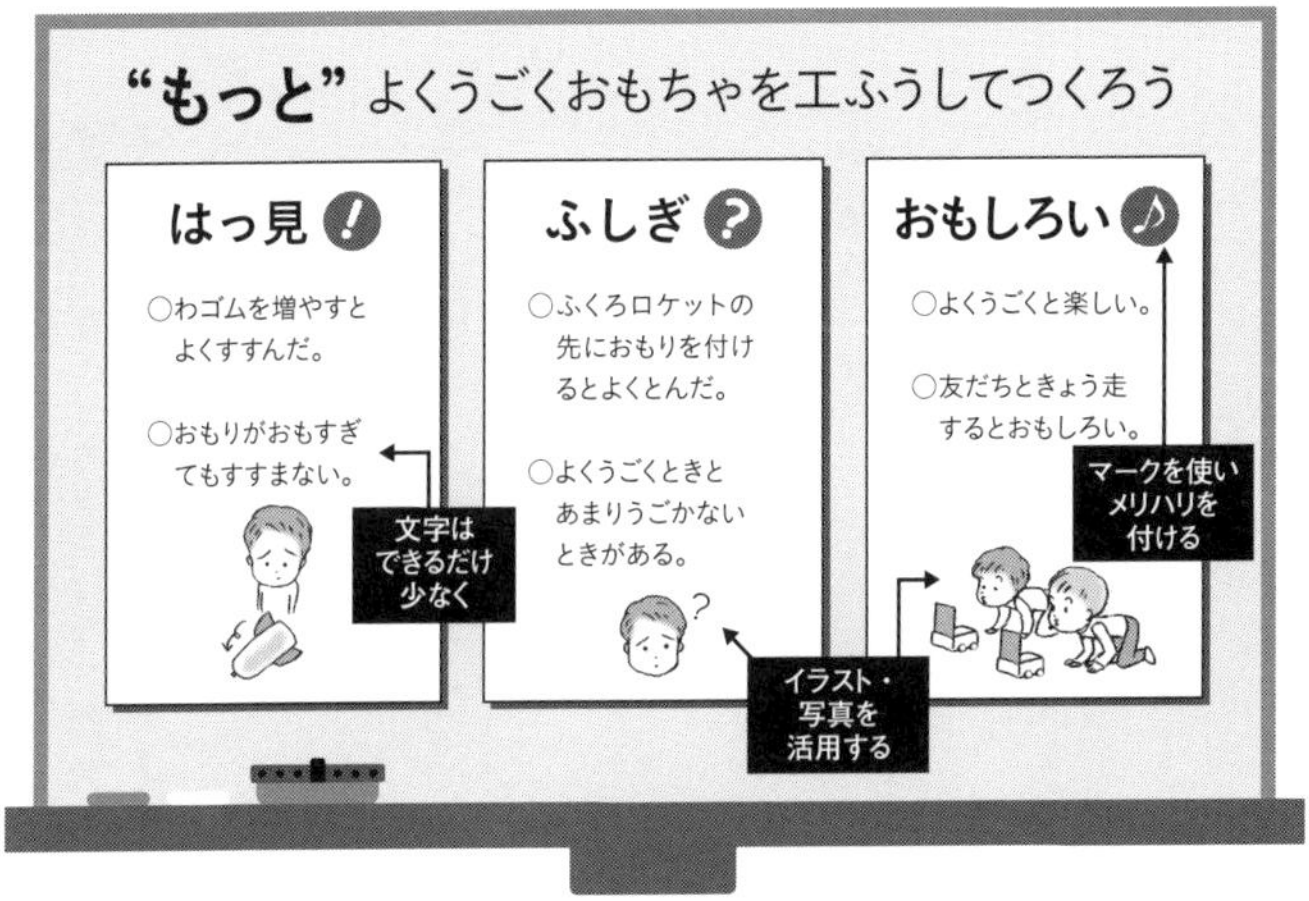
"もっと"よくうごくおもちゃを工ふうしてつくろう
はっ見
○わゴムを増やすとよくすすんだ。
○おもりがおもすぎてもすすまない。
文字はできるだけ少なく
ふしぎ
○ふくろロケットの先におもりを付けるとよくとんだ。
○よくうごくときとあまりうごかないときがある。
?
イラスト・写真を活用する
おもしろい
○よくうごくと楽しい。
○友だちときょう走するとおもしろい。
マークを使いメリハリを付ける

高学年の板書例

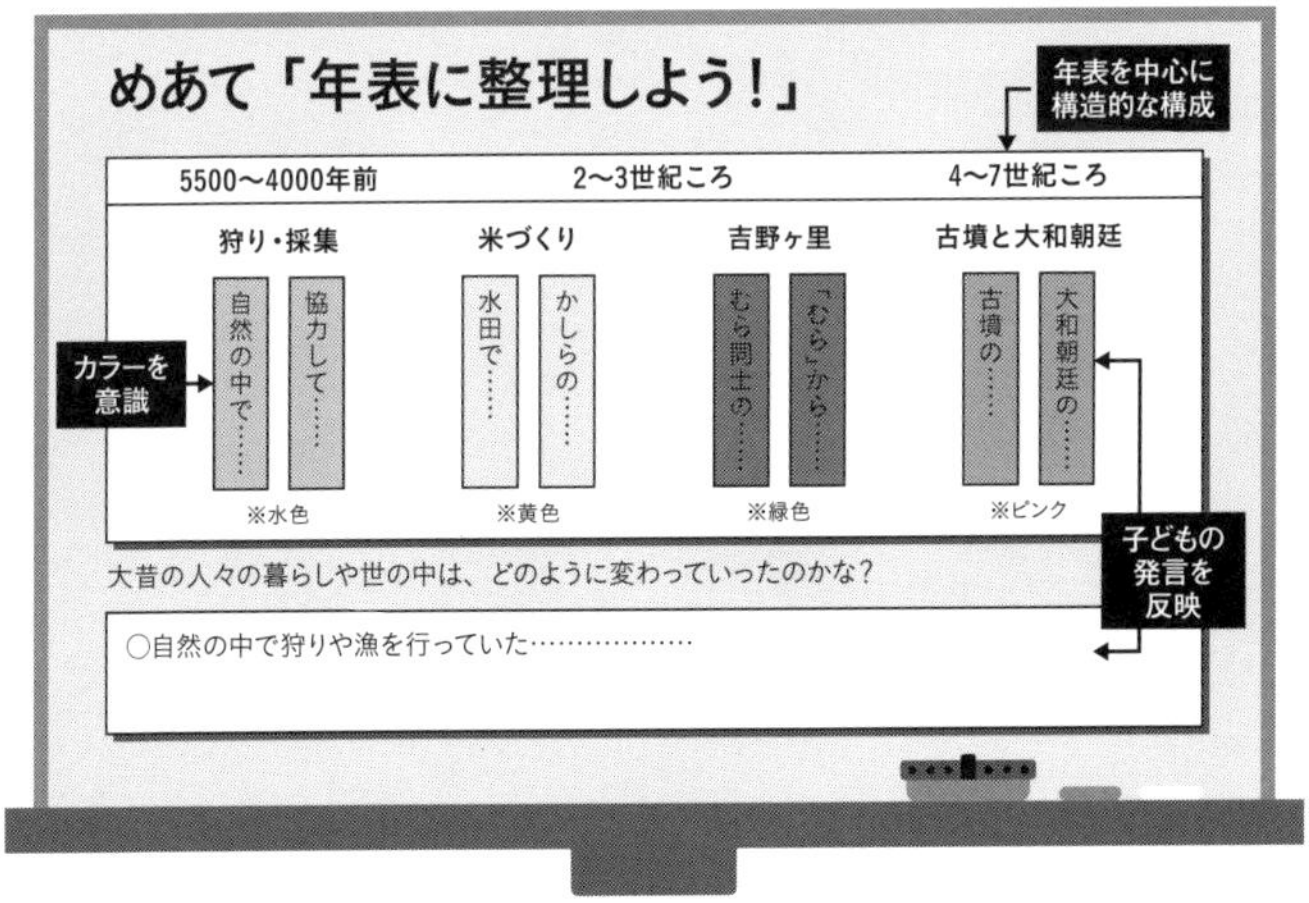
めあて「年表に整理しよう！」
年表を中心に構造的な構成
5500〜4000年前
2〜3世紀ころ
4〜7世紀ころ
狩り・採集
自然の中で……
協力して……
※水色
米づくり
水田で……
かしらの……
※黄色
吉野ヶ里
むら同士の……
「むら」から……
※緑色
古墳と大和朝廷
古墳の……
大和朝廷の……
※ピンク
カラーを意識
大昔の人々の暮らしや世の中は、どのように変わっていったのかな？
○自然の中で狩りや漁を行っていた………………
子どもの発言を反映

教師力は専門性にこそある

ここまで、教師力について記してきた。なぜ、教師力を高める必要があるのか。教師力とはどのような力なのか。その育成はどのようにして行うのか。新しい時代の新しい教育には、どのような単元や授業のポイントがあるのかなどを記してきた。

一方、教師力と言えば、

○パッション（情熱）
○スペシャリティ（専門性）
○ヒューマニティ（人間性）

などと示されることも多い。

おそらく多くの教師は、子どもたちとの教育活動に夢を描き、教師に憧れて教職という仕事に就いたことであろう。また、多くの経験を通して、豊かな人間性を備えていることであろう。だとすれば、教師という仕事の専門性をしっかりと磨き上げなければならないことになる。

よく「プロの教師」という言葉を耳にする。「あの先生は、プロフェッショナルだ」というような噂を聞くこともある。

そもそも、「プロ」とはどのような意味なのだろうか。その仕事を通して収入を得るということなら誰もが「プロ教師」であり、先に示したような言葉が囁かれることはないように思う。きっと、「プロ教師」のプロには専門性の高さが含まれているのであろう。

そう考えると、「プロ教師」とする表現にも大きな違和感が生じる。なぜなら、「プロ」の言葉を使うということは、およそアマチュアが存在していることであり、そこには大きな力量差があることを意味する。世の中に「プロ棋士」は存在しており、アマチュアの棋士もいる。そして、両者には明確な力量差があることを誰もが承知している。一方、「プロ医師」の言葉を耳にしないように、医師に関しては誰もがプロであると認知しているのではないだろうか。

翻って教師はどうだろう。「プロ教師」などの言葉が使われるとすれば、もしかしてプロとアマチュアほどの力量差のある教師が世の中に存在していることを暗黙のうちに示しているとも考えられる。

およそ学校の教師は、年齢や経験年数、性別や地域などの違いがあろうとも「プロフェッショナル」でなければならない。もちろん、それぞれの教師の特徴や個性があることは確かであろう。若干の力量差があることも事実かもしれない。とはいえ、一定以上の力量を保持しなければならないと共に、そうした教師の専門性を磨き続ける**「限りない自己変革意識」**をもつことが求められるのではないだろうか。

次の章では、そうした教師力の本丸である教師の専門性、特に**「授業力」**にフォーカスして考えていくことにしたい。

教師力を磨くためには

専門性を磨き上げる

学校の教師は誰もが「プロ」でなければならない

そのためには…

「限りない自己変革意識」をもち続けていく

教師の専門性
「授業力」を磨く必要がある！

→ CHAPTER 3
「授業を磨く」へ

COLUMN 2

未来の学校像

ＯＥＣＤでは、将来の学校がどうなるかというシナリオを大きく三つ描いている。

一つが、現状改良シナリオ。
二つが、脱学校化シナリオ。
三つは、再学校化シナリオ。

一つ目は、ほぼ現状維持。二つ目は、学校の社会的価値や役割が低下し、その存在自体が期待されないシナリオ。一つ目と二つ目に比べて、三つ目のシナリオは、学校が社会の分裂や価値観の危機に対する防波堤として公的な信頼を得て、学校の社会的価値や役割が高まるシナリオと考えることができる。学校がコミュニティの中心となり、社会資本としての価値が期待されるシナリオである。

これは、地域の大人も学校で学べるようにし、学校自体が今までのいわゆる学齢期の子どもだけの教育の場ではなくなるイメージとも重なる。多くの人々の学びの場になったり、新しい産業を生み出す場になったりして、学校という存在のもつ社会資本としての価値が、新たに創造されていく姿などを想像することができる。

また、学校での学びが地域の活性化を生み出すイメージとも重なる。一人一人の子どもが地域の課題を解決していく学習活動を行うことで、子どもの新鮮で斬新なアイディアが地域の再生や活性化の源になることなどが考えられる。

同時に、そうした学びを経験した子どもは、将来にわたって地域のことを考える存在として成長していくことが期待できる。結果として、再び地域に戻り地域の活性化を担う存在になったり、地域から離れたとしても常にふるさとの元気な姿を願って働くような姿も期待できる。

学校が、そういう地域の学びの場や地域活性化のコアセンターになり、社会資本としての価値を一層高めていくことが期待されているのではないだろうか。日本国内における地方創生の議論は、まさにこうしたイメージの延長線上にあるとも言えよう。

社会の変化に対応した教師が必要になる。だとすれば、「未来社会において、学校や教師の役割がいかに大きいか」ということを真剣に考えるときが来ているのではないだろうか。

少子化の問題。高齢化社会の問題。地方都市における産業の衰退が、現在存在する都市を消滅させるとするショッキングなデータの数々。私たちの国の未来を持続可能なものにするためにも、学校力や教師力の一層の高まりと大きな意識の転換が求められるのかもしれない。

CHAPTER 3

授業を磨く
―アクティブ・ラーニングのすすめ―

授業の質的転換
―学習指導要領改訂に向けた諮問文から―

平成二六年一一月二〇日に、学習指導要領の改訂に向けて文部科学大臣から諮問文が発表された。そこでは、人口減少や少子高齢化、グローバル化などの大きな社会の変化を踏まえ、求められる人材が変化してきていることを記している。

そして、我が国の子どもの学力実態からすると、考える力や学習意欲に課題があることから、自信を育て能力を引き出すことがこれまで以上に求められるとし、一人一人の可能性をより一層伸ばし、新しい時代を生きる上で必要な資質・能力を確実に育んでいくことを目指すべきであると指摘している。

その上で、CHAPTER 1でも示してきたような国内外における資質・能力の育成の事例を紹介し、「アクティブ・ラーニング」を目指していくとしている。

これらの取組に共通しているのは、ある事柄に関する知識の伝達だけに偏らず、学ぶことと社会とのつながりをより意識した教育を行い、子供たちがそうした教育のプロセスを通じて、基礎的な知識・技能を習得するとともに、実社会や実生活の中でそれらを活用しながら、自ら課題を発見し、その解決に向けて主体的・協働的に探究し、学びの成果等を表現し、更に実践に生かしていけるようにすることが重要であるという視点です。そのために必要な力を子供たちに育むためには、「何を教えるか」という知識の質や量の改善はもちろんのこと、「どのように学ぶか」という、学びの質や深まりを重視することが必要であり、課題の発見と解決に向けて主体的・協働的に学ぶ学習（いわゆる「アクティブ・ラーニング」）や、そのための指導の方法等を充実させていく必要があります。こうした学習・指導方法は、知識・技能を定着させる上でも、また、子供たちの学習意欲を高める上でも効果的であることが、これまでの実践の成果から指摘されています。

次期改訂では、学習内容の付加や削除といった見直しのみならず、むしろ、子どもが自ら学び、共に学ぶアクティブ・ラーニングへと質的な転換を図ることが期待されている。学習指導要領改訂の最大のキー・ワードは、**「アクティブ・ラーニング」**なのである。

授業の質的転換に向けたアクティブ・ラーニング

1 アクティブ・ラーニングは新しい概念なのか

耳慣れない言葉、新しい言葉が登場すると、私たちは何か身構えてしまう。そして、これまでに大切にしてきたことを忘れてしまう。時には、過去の優れた遺産を否定して次のように考えてしまうことまである。

「次の改訂はアクティブ・ラーニングらしい。それじゃ、今までの授業を全て変えなくては…」。

今回の諮問で示されたアクティブ・ラーニングは、全く新しい概念なのだろうか。私は、そうは思わない。

この言葉は、高等教育改革の流れから大きくクローズアップされるようになってきた。大学での授業が、あまりにも一方的で画一的な指導者中心の授業になってはいないか。そのことが、結果として学び手に期待する学力をしっかりと育成しているのか。そうした問いから、高等教育においてアクティブ・ラーニングを取り入れるような動きが広まった。
その動きは、むしろ初等教育における授業改善、特に小学校における授業研究、授業力向上の取組に学ぶべきものと考えてよいだろう。つまり、これまでの我が国における長き教育史に残る優れた教育実践、現在も行われている様々に豊かな教育実践こそがアクティブ・ラーニングと考えるべきである。

全く新しい方法や手法を取り入れていこうとするのではない。

むしろ、素晴らしい実践に学び、そのよさを確実に広げ、より一層の質的向上や面的拡大を目指すことなのだろう。もちろん状況によっては、新しい方法や手法を取り入れることも忘れてはならない。

2　アクティブ・ラーニングの始まりと広がり

今、話題の大学入試改革にかかわる中央教育審議会答申（平成二六年一二月二二日）「新しい時代にふさわしい高大接続の実現に向けた高等学校教育、大学教育、大学入学者選抜の一体的改革について～すべての若者が夢や目標を芽吹かせ、未来に花開かせるために～（答申）」には、アクティブ・ラーニングについて、「学生が主体性を持って多様な人々と協力して問題を発見し解を見いだしていく能動的学修」とし、「大学教育を、従来のような知識の伝達・注入を中心とした授業から、学生が主体性を持って多様な人々と協力して問題を発見し解を見いだしていくアクティブ・ラーニングに転換」としている。

そもそも、このアクティブ・ラーニングという言葉は、平成二四年八月二八日の中央教育審議会答申「新たな未来を築くための大学教育の質的転換に向けて～生涯学び続け、主体的に考える力を育成する大学へ～（答申）」において、次のように示されたところに始まっている。

> 生涯にわたって学び続ける力、主体的に考える力を持った人材は、学生からみて受動的な教育の場では育成することができない。従来のような知識の伝達・注入を中心とした授業から、教員と学生が意思疎通を図りつつ、一緒になって切磋琢磨し、相互に刺激を与えながら知的に成長する場を創り、学生が主体的に問題を発見し解を見いだしていく能動的学修（アクティブ・ラーニング）への転換が必要である。すなわち個々の学生の認知的、倫理的、社会的能力を引き出し、それを鍛えるディスカッションやディベートといった双方向の講義、演習、実験、実習や実技等を中心とした授業への転換によって、学生の主体的な学修を促す質の高い学士課程教育を進めることが求められる。学生は主体的な学修の体験を重ねてこそ、生涯学び続ける力を修得できるのである。

こうした大学教育改革の動きが高等学校の授業改善にも飛び火して、現在、高等学校の授業をアクティブ・ラーニングに転換していこうとする改革が始まろうとしている。

3　アクティブ・ラーニングと学力の三要素

アクティブ・ラーニングとは、いわゆる課題の発見と解決に向けて主体的・協働的に学ぶ学習であるが、それは、文部科学省が掲げる「確かな学力」の育成の方向性と重なる。「確かな学力」とは、学校教育法にも示されている以下の三つの要素のことである。

一つ目は、基本的な**「知識・技能の習得」**。

二つ目は、課題を解決していくために必要な**「思考力・判断力・表現力等の能力の育成」**。

三つ目は、主体的に学習に取り組む態度、いわゆる**「学習意欲の養成」**。

これらはどれも大事であるが、今、特に課題とされているのは、二つ目の要素、思考力・判断力・表現力等の「能力」の育成と言えよう。『等』と付けているように、思考力・判断力・表現力だけでなく、知識や技能を活用していくための幅広い能力であり、こうした能力の育成を重視しようとする考えは、世界的な潮流でもある。

これまでの授業は、「知識・技能の習得」に重きを置いていた。その場合、一方的な教え込みでも授業として成立していたのかもしれない。しかし、授業で「能力」の育成まで行うとなれば、知識のように詰め込むことはできない。授業の中に、思考・判断・表現するなど、「子ども一人一人が能力を発揮する場面」が用意されていないといけない。つまり、**学習活動のプロセスが充実してこそ、個々の能力は育成されるのである。**

「能力」の育成に向けたアクティブ・ラーニングを実現するためには、自分の思いや願いを実現したり、課題を解決したりするプロセスの充実を意識することが重要となる。

そのプロセスを充実させる上で、鍵を握るとみられるのが、授業の中にインタラクション（相互作用）と、さらにリフレクション（振り返り）を入れることである。他者と相互にかかわり合う中で、自分の考えをまとめて表現することや、新たな知を生むことを経験する。その行為を自ら振り返ることで、思考や表現の仕方を見直し、それらの能力を高めていく。こうした学習は、子どもが自ら学ぶアクティブ・ラーニングと言えるだろう。つまり、アクティブ・ラーニングとは、アクティブに活動する授業というよりは、頭の中がアクティブに活性化している授業ととらえることが大切である。

今までの授業は「子どもが何を学ぶか」を重視していたが、これからは**「子どもがどのように学ぶか」**も、学習内容と同等、もしくはそれ以上に大事にすべきなのだ。

こうしたプロセスの充実のためには、学習者としての子どもの学ぼうとする力が欠かせない。アクティブ・ラーニングでは「能力」の育成と共に、「学習意欲」を養うことも視野に入れているのである。

これからは、ものごとを覚えてそのまま再生することより、手にした知識や技能を「活用」して、新しい価値を「創造」することのほうが求められる。しかも、そうやって知識や技能を覚えるだけでなく「活用」していくと、バラバラだった個別の知識や技能が関連付けられてネットワーク化され、記憶に残りやすいことも、様々な研究で分かってきた。

学力の一つ目の要素、「知識・技能の習得」においても、教師が教え込むより、子ども自身が思考・判断・表現するプロセスの中で身に付けたほうが、効果的であることが明らかになってきたのである。

4　未来社会を創造する主体としての自覚の育成を

もっとも、学力の要素である「能力の育成」や「知識・技能の習得」に努めさえすれば、未来の社会で活躍できる人材が育つかと言えば、その点は意外と怪しい。

「未来はこうなりそうで、その社会で必要とされる能力や知識は、これこれこのようなものだから、それを子どもたちに獲得させる」という、逆算による機械論的な発想だけで、果たして人は育つのだろうか。

そうではなく、子どもが「未来は自分たちでつくるものだ」と思い、実際に身の周りのことを変えようと動いたときに、そこでの成功や失敗を通して、本当に未来を切り拓く能力や知識を獲得していく、という側面こそが大きいのではないだろうか。このように自ら社会にかかわろうとする意識、いわば**「未来社会を創造する主体としての自覚」**を育てることが重要である。

では、どうすれば「未来社会を創造する主体としての自覚」を育てることができるのだろうか。

ポイントとなるのは、子どもが自ら実社会とかかわり、「探究」するような学習を豊かに経験することだろう。

具体的には、①子どもが自分で課題を見付ける、②必要な情報を収集する、③集めた情報を整理・分析する、④気付いたことや考えたことをまとめて発表・表現したり、考えたことを行動に移したりする。こうした探究のプロセスを繰り返すことにある。その学習を通して、子どもが地域の課題に対する答えや解決策を自分で導き出していくと、子どもは「自分が動けば知りたかったことが見えてくる」「自分たちで考えたり動いたりすれば世の中を少しずつ変えられるかもしれない」という手応えを得る。そうした感覚が積み重なることで、「これからの社会をクリエイトするのはまさに自分たちなんだ、そのために今いろいろ学んでいるんだ」という意識も育つはずである。

5 「学び手の求め」こそが欠かせない

この探究的な学習に取り組む際に、ぜひとも頭に入れておきたいことがある。

探究というのは、本質的には**「学び手に求めがなければいけない」**という点である。子どもがこの世界のことで、不思議に思っていることがある。子どもが身の周りのことで、なんだか気になっていて解決したいことがある。そうした「学び手の求め」から始まるのが探究である。仮に、教師が一方的に学習テーマを与えるなら、子どもにとって学びの動機付けは外発的なものとなり、安っぽくなる。そこから課題解決型の学習にしても、グループワークや振り返りを取り入れても、子どもにとって本当の意味での能動的・主体的な学習にはなりにくいだろう。

教師としては、**「どれだけ学び手の立場に立てるか」**が重要になる。衣食住をはじめとする暮らしのことから、時事的な話題まで、子どもたちの興味・関心をキャッチし、学び手の求めがあるような学習テーマを授業に組み込んでいくことが求められる。そのときにこそ、子どもたちは「知りたい」「解決したい」という内発的な動機付けから、より能動的・主体的に学習していく姿を、私たちに見せてくれるはずなのだから。

こうして進められるアクティブ・ラーニングは、まさに、学習者主体の、学び手の文脈に沿った「真性の学び」になっていくのである。

自発的・能動的に学び始める課題設定の場面

先に示した平成二四年の中央教育審議会の答申では、その用語集において以下のようにアクティブ・ラーニングを解説している。

> 教員による一方向的な講義形式の教育とは異なり、学修者の能動的な学修への参加を取り入れた教授・学習法の総称。学修者が能動的に学修することによって、認知的、倫理的、社会的能力、教養、知識、経験を含めた汎用的能力の育成を図る。発見学習、問題解決学習、体験学習、調査学習等が含まれるが、教室内でのグループ・ディスカッション、ディベート、グループ・ワーク等も有効なアクティブ・ラーニングの方法である。

ここに示されたように、授業の質的転換を目指すアクティブ・ラーニングを、例えば、発見学習、問題解決学習、体験学習、調査学習、グループ・ディスカッション、ディベート、グループ・ワーク等として示している。その特徴としては、子どもの学ぼうとする力を基盤としたプロセスの充実した学習であることが挙げられる。加えて、異なる他者との対話を通したインタラクションの充実した学習であることも挙げられる。

ここからは、授業改善の方向として、どのような具体的な手法があるのかを示していく。その際、総合的な学習の時間における探究のプロセスを参考にして、二つのフェーズに着目して記述していく。

一つは、子どもが真剣に本気になって学ぶ「真性の学び」になるために、**課題の設定場面を取り上げる**。主に、そこでの教材提示について考えていく。

二つは、異なる他者と共に**情報を整理したり分析したりして処理するフェーズを取り上げる**。主に、**思考ツール**を活用した事例について検討していく。

1 探究に向けて課題を設定する学習活動

子どもが自ら課題意識をもち、その意識が連続発展することがアクティブ・ラーニングにおいては欠かせない。しかし、子どもが自ら課題をもつためには、教師が意図的に働きかけをすることが重要である。

例えば、人、社会、自然に直接かかわる体験活動においても、学習対象とのかかわり方や出会わせ方などを、教師が工夫する必要がある。その際、事前に子どもの発達や興味・関心を適切に把握し、これまでの子どもの考えとの「ずれ」や「隔たり」を感じさせたり、対象への「あこがれ」や「可能性」を感じさせたりする工夫をしなくてはならない。

子どもは、対象やそこに存在する問題事象に直接出会うとき、現実の状況と理想の姿との対比などから問題を見いだし、課題意識を高めることが多い。例えば、身近な川を対象にし、川の探検をする活動では、川にゴミが落ちていることや川が汚れていることなどに気付く。こうした川の現実の姿を知ることで、理想的な川のイメージとの「ずれ」などから、子どもは身近な川の環境問題に意識を向ける。

このように、課題は現在の状況を他と比較することで設定できる。例えば、現状を時間軸で比較すると、「過去はどうだったのか、未来はどう在るべきなのか」といった問いが生まれる。また、現状を空間軸で比較すると、「他の地域や国ではどうなのか」といった問いが生まれる。また、現状を自分自身のイメージや、知識と比較しても問いを明らかにすることができる。さらには、自分以外の専門家の人や地域の大人、友達の考え等と比較する方法も考えられる（図13）。

こうして生じた問いは、子どもの内面にあり、移ろいやすく、期待する学習活動に向かう問いになっているとは限らない。そこで、教師は、子どもの内面にあり、失われやすい問いを確かに自覚できるものとして顕在化すると共に、期待する方向に向かうように教材を提示したり、学習活動を用意したりすることが必要となる。

なお、課題設定の場面では、実際の川を目で見て、肌で触れているほうが効果的である。身体全体を通して川とかかわり、川を理解していることが、「どうして川が汚れているのだろう」といった課題意識を高めていく。課題を設定する場面では、こうした対象に直接触れる体験活動を行うことが重要で、そのことが、その後の息長い探究活動の原動力ともなる。

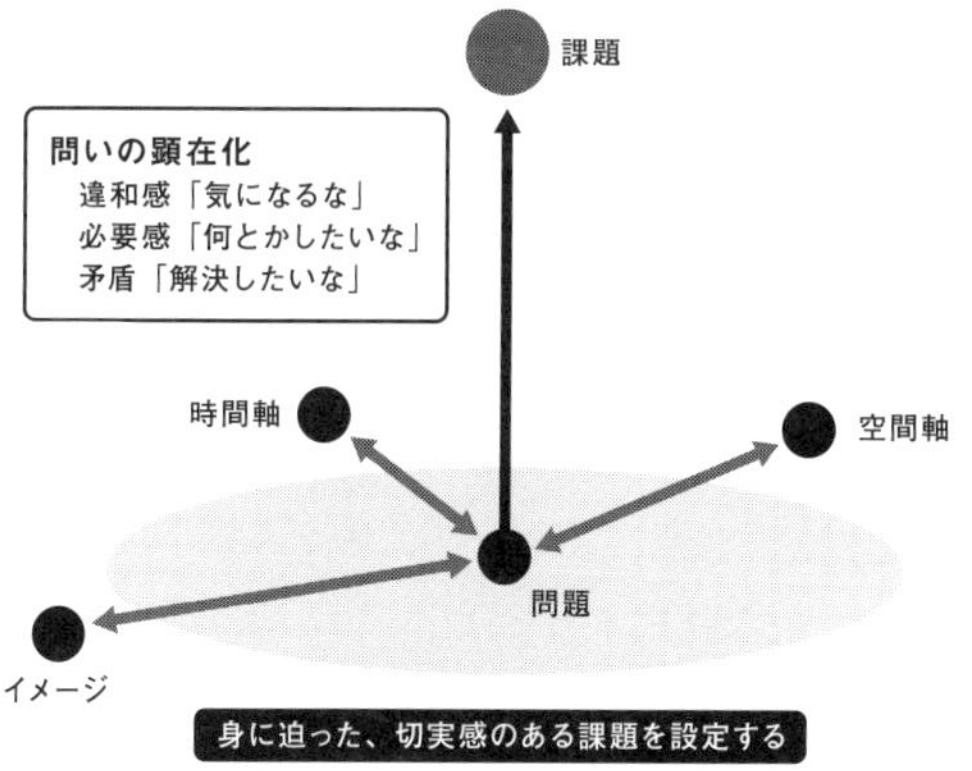
課題
問いの顕在化
違和感「気になるな」
必要感「何とかしたいな」
矛盾「解決したいな」
時間軸
空間軸
問題
イメージ
身に迫った、切実感のある課題を設定する

図13　現状との比較による課題の設定

2　驚きの事実を印象的に提示し、必要感を高め課題を設定する

事例

①札幌の名所「時計台」を対象に探究的な学習を展開してきた子どもたちは、時計台には歴史があること、多くの人がかかわっていること、様々なエピソードをもつ名所であることなどをつかみ、時計台の魅力を実感的にとらえていった。

②そんな子どもに、

「時計台は○○○○名所第一位」

とするウェブページの資料を提示し、○○に入る言葉を予想するようにした。

③子どもの予想は、

「さっぽろ」「どさんこ」「ゆきぐに」「にっぽん」「ぜんこく」

など、様々に出された。

④正解が「がっかり」であることを告げ、映像資料などで確認すると、子どもは目を白黒させるほど驚いた。そして、すぐに次の発言が続いた。

「先生、僕たちが時計台のよさを観光客の人に伝えたい」

こうして子どもたちは、自ら解決していく課題を「札幌のシンボル時計台の魅力を観光客の人に伝えよう！」に設定した。

体験活動を通した調査活動が行われ、時計台への自負心が高揚されていたこと（①）、ウェブデータの資料「○○○○名所第一位」を予想したこと（②、③）、正解は「がっかり」であることを知り、映像資料などで確認しずれを強く感じたこと（④）が、本気で取り組みたくなる必要感のある課題の設定につながっていった。

①
札幌の名所は「時計台」！
②
○○には何が入る？
時計台は○○○○名所第１位
さっぽろ！
ゆきぐに
③
実は…
驚きの真実
時計台
「がっかり」
名所第１位
えー!!
ショック
だね
④
時計台の
よさを伝えたい！
本気で取り組みたい課題に！

3

違和感が生じるように統計資料を提示し、課題を設定する

事例

①スイーツの町などとも言われる「自由が丘」のよさを調べる活動を行い、「自由が丘」のよさを実感した。

②「住みたい町ランキング」の調査結果を一〇位から順番に発表していく。すると、子どもは自由が丘が何位かに強く興味をもち始めた。

③自由が丘が「住みたい町ランキング第二位」であることを知ると、歓声を上げて喜ぶと共に、調査結果とつなげて納得の表情をした。

④そこに「住んでよかった町ランキング」の資料を提示し、再び一〇位から順番に発表していく。子どもは興味津々、中には祈り出す子どもも出てきた。

⑤自由が丘が住んでよかった町ランキングの一〇位以内に入っていない事実を知ると、子どもたちは驚きの声を上げ、すぐに言い出した。「先生、もっと詳し

く自由が丘のことを調べたい。どうして『住んでよかった町ランキング』に入っていないのかをはっきりさせたい」と課題が設定された。

体験活動を通した調査活動が行われ、自由が丘のよさを実感的にとらえていたこと（①）、「住みたい町ランキング」のデータを示し、第二位という結果を知ったこと（②、③）、「住んでよかった町ランキング」のデータを示し、ランキング外という結果を知ったこと（④、⑤）、住みたい町では二位なのに、住んでよかった町ではランキング外であるという違和感を強く感じたこと（⑤）が、本気で取り組みたくなる課題の設定につながっていった。

①
自由が丘は「住みたい町ランキング」第２位です!
やっぱり！
きれいな町だよね！
②
では、「住んでよかったランキング」は何位かな？
１位！
同じで２位！
③
１位　中野　２位　吉祥寺
自由が丘　「ランク外」
違和感が生じる
なんで？!
どうしてランク外なの？
④
もっと「自由が丘」について調べたい!
本気で取り組みたい課題に!

4 体験活動での感覚とのずれや矛盾を強調し、課題を設定する

事例

①「博多にわか」について体験したり調査したりして、そのよさを実感し、自分でも「博多にわか」を演じることができるようになってきた。
②「博多にわか」について、地元の人たちにアンケートによる調査活動を行った。
③「博多にわかを知っているか」「博多にわかの意味が分かるか」「博多にわかを生で見たか」の順にアンケート結果を提示する。
④「博多にわか」を生で見たことのない人が六〇％もいることを知り、飛び上がって驚く。
⑤子どもたちは、「博多にわかを知らない人が多くてびっくりした」「博多にわかのことをもっと知ってほしい」「博多にわかのよさをぼくたちが伝えたい」と

課題が設定された。

実体験を通した学習活動や地域に出かけての調査活動を進めてきた子どもには、「博多にわか」のよさが身体を通して実感されていたこと（①）、実際に自分たちでアンケート調査を行ったこと（②）、アンケート調査の結果は、「博多にわか」を知らない人や見たことのない人が多いことを知り、自分の感覚との矛盾を感じたこと（③、④）が、「博多にわか」のよさを伝えたい（⑤）という課題の設定につながっていった。

①
「博多にわか」を体験できてよかったねー
そうだね おもしろかったー
②
「博多にわか」について、地元の人にインタビューしてみよう！
ハイ！
③
アンケート集計
③「博多にわか」を生で見たことがあるか？
ある40%
ない60%
感覚とのずれ
えっ!!
?!
④
うんうん
「博多にわか」のよさを伝えたい！
本気で取り組みたい課題に！

課題を設定する際の配慮事項

子ども自ら課題を設定することが、なぜ重要なのか。それは、他者から与えられた課題では、真の意味での学習者が求める本気の学びが成立しないからである。学びの当事者である子ども自身が、本気になって学ぶことでこそ、汎用的能力が育成される。

また、子どもは自らの問いを起点とした課題が設定されれば、大人の指示を受けなくても自主的に学習活動を展開し、教室や学校を離れ、日常の生活の中で学びを連続していく。

以下に、課題を設定する際のいくつかの配慮事項を述べてみよう。

○子どもの発達の特性に配慮する

子どもが課題を設定するからと言って、どのような課題でもよいわけではない。三年生の子どもであれば、「町の自慢を探そう」などと、身近で、子どもの思いや願いを反映した課題になるかもしれない。六年生なら、「地域の活性化に向けて、町のよさを発信しよう」などと、目的的になったり、地域への参画を意図したものになったりするかもしれない。

子どもの発達に合った課題を設定することは、その解決の過程で子どもたち一人一人が確かな手応えを得ることにつながる。

○現代社会の課題につながることを意識する

設定した課題が、地域の特性を生かした「○○うどんの秘密を探ろう」だったとしても、そうした問題の解決や探究活動の過程には、現代社会の食の問題や少子高齢化の問題などに触れる機会が生じやすい。地域のよさや歴史を知るだけではなく、後継者問題や健康な食生活について考えることもできる。

ローカルな課題は、グローバルな課題とどこかでつながっている。課題設定に当たっては、そうした現代社会の課題を意識することも大切である。

○地域の特色を生かす

課題が設定されれば、子どもはその解決に向けてインタビュー調査をしたり、フィールドワークをしたりして情報収集を行う。手軽に出かけて何度でも確認できること、実際に目で見たり身体で感じたりすることなどが行われるほうがよい。そのためにも地域の特色を生かした課題を設定したい。

豊かな山林を生かした課題、広がる海を活用した課題、歴史と文化の溢れる町の課題など、それぞれの地域の強みを発揮することが大切になる。

思考ツールで探究的・協同的に学び合う学習活動

1 思考ツールが探究的に学ぶ子どもの姿を実現する

子どもが自ら課題の解決に向けて学ぶアクティブ・ラーニングを実現するには、探究のプロセス（①課題の設定→②情報の収集→③整理・分析→④まとめ・表現）を意識することがポイントとなる。

この四つのプロセスの中でもとりわけ難易度が高いのが、**「①課題の設定」「③整理・分析」**である。なぜなら、この二つはなかなか授業としてイメージしにくく、実現も難しい。

一方、「②情報の収集」「④まとめ・表現」はすぐにイメージできる。例えば、インターネットや文献での情報検索、インタビューやアンケートなどの情報収集が思い浮かぶ。あるいは、作文や新聞にまとめたり、ポスターやパワーポイントで表現したりすることが考えられる。この難易度の高い場面で、**「思考ツール」**が活躍する。

「課題の設定」においては、次のように思考ツールを活用する場面が考えられる。

例えば、体験活動を通して不思議に思ったり疑問に感じたりしたことをカードに書き出すと共に、そのカードをＫＪ法的手法で仲間分けするなどして課題を明らかにすることが考えられる。また、セントラルワードから言葉を関連付けてウェビングマップを完成させ、その言葉に関する興味や関心を言語化し可視化して課題を設定する方法も考えられる。あるいは、いくつかの解決したいと考える課題を二次元表に整理して、それぞれの課題を複数の視点から分析していき、最も探究に値する課題を定める方法なども考えられる。

「整理・分析」の場面でも、次のように思考ツールを活用することが考えられる。

例えば、インタビューなどで収集した問題解決の方法を三重円のベン図を使って整理する方法が考えられる。それぞれの円に実現可能性、効果性、安全性などの視点を位置付け、収集した問題解決の方法を比較したり分類したりして分析することができる。

また、体験活動を通して獲得した情報を縦軸と横軸による座標軸で整理する方法が考えられる。縦軸には「好ましい・好ましくない」、横軸には「個人・全体」などの価値を位置付け、体験活動を通して感じたことや考えたことについて複眼的思考で分析することができる。あるいは、問題状況を解決するための様々なアイディアをピラミッドチャートで統合しながら一つのアイディアに絞り込んでいくこともできる。

　このように思考ツールを活用すれば、これまで指導しにくかった「整理・分析」場面においても、子どもが主体的に学習活動に取り組み、収集した情報を比較、分類、関連付けなどして整理・分析していく授業を実現することができる。

2　思考ツールが協同的に学ぶ子どもの姿を具現する

　協同型の授業とは、互いに自分の考え（情報）をはっきりと伝え合い、その考え（情報）をしっかりと聞き合い、互いの考え（情報）の関係を明らかにしながら情報を再構成することと考えることができる。

　こうした協同型の話合いの授業は多くの学校で期待され、様々な方法で試みられてきた。名人と言われる教師によって、子ども同士が真剣に語り合う授業を実現し、その授業を多くの実践者が憧れをもって追随しようとした。

　しかし、なかなか子ども同士が真剣に学び合い、語り合う理想の授業は実現できないことが多かった。せっかく近付いたと思っても、一部の子どもたちの話合いになっていたり、音声認識の得意な子どもだけが活躍する授業になっていることも多かった。また、意見交換は活性化しているようでも話合いが堂々巡りとなって、授業のねらいに向かっていかないこともあった。

そうした問題を解決したいときに思考ツールが活躍する。学級の全ての子どもが、誰でも学び合いに参加し、その日の授業のねらいに向かっていくために、思考ツールを活用することが有効となる。

例えば、カードを使ったダイヤモンドランキングの方法を使えば、子どもたちは真剣に話合いに参加する。その話合いにおいては、カードを並べ替え序列化するために、根拠や理由を明らかにしたホットな話合いが展開される。また、フィッシュボーンの方法を使えば、問題状況を解決するためのアイディアを類型化しながら具体的に話し合って考えることができる。

このように思考ツールを活用すれば、これまで期待する姿として実現しにくかった学び合う授業が容易に実現され、子どもが主体的に学習活動に取り組む授業を行うことができる。これは、ペアでも、グループでも、全体でも可能である。

次に、実際に思考ツールを活用した学習活動例を解説していく。

思考ツールを使った学習活動例①

ベン図を使って分類して考える学習活動

江戸東京野菜の内藤唐辛子を栽培し始めたところ、アブラムシが大量発生するという問題が生じた。そこで、子どもたちは、アブラムシの撃退方法を調べた。すると、なんと二〇通り以上もの方法があることが分かった。

全ての方法を試すことは難しく、いくつかに絞り込むためにベン図を使って整理をしていった。ベン図の一つの円は「効果があるかどうか」という効果性の円。もう一つは、「安全であるかどうか」という安全性の円。最後の一つは、「自分たちでやれる方法かどうか」という実現可能性の円。

こうして情報を分類しながら整理することで、たくさんあった問題を解決するための方法が整理され、解決に向けた次の活動にスムーズに連続的に発展していった。

THINKING TOOL

ベン図

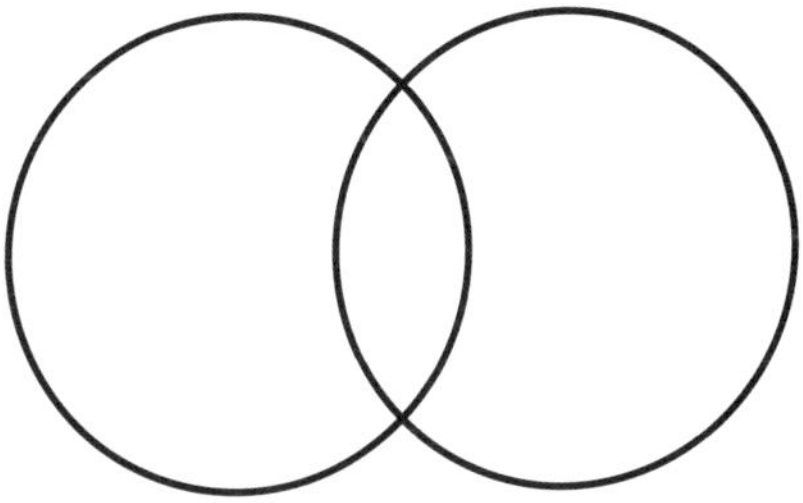

ベン図は、複数の考えや事実、意見等を比較したり、分類したりして整理・分析するときに活用する。事例のように分類する視点を定めて情報を分類していく方法、比較して考えながら対象の共通点と相違点をリストアップしていく方法などが考えられる。

授業で活用すると…

たくさんの撃退方法がすっきりと整理され、次の方向が明らかになったり、同じと違いが明らかになったりした。

思考ツールを使った学習活動例②

理科

ウェビングマップを使って関連付けて考える学習活動

モンシロチョウの学習において、幼虫の体のつくりはどのようになっているかを考える学習を行った。

「体が緑色をしている」「模様がある」「足に吸盤が付いている」などの気付いた特徴を、「幼虫の体のつくり」とうセントラルワードの周辺に書いていった。その後、「キャベツに似ている」「敵に襲われにくい」「キャベツの葉から落ちにくい」などと関連付けて考えながら、幼虫の体の特徴の意味を考えていった。

はじめは、ホワイトボードを使ってグループで話し合った。それぞれの意見が可視化されると共に、関連付けて考えることが容易になるので、次々と考えが生まれ、話合いが活性化していった。

THINKING TOOL

ウェビングマップ

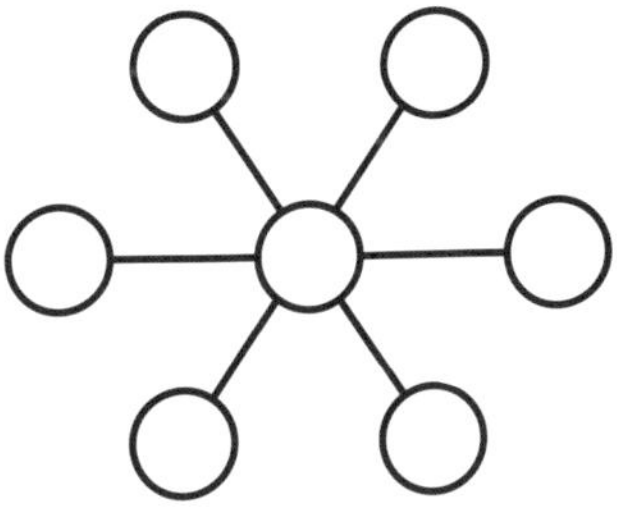

ウェビングマップは情報や知識を関連付けて考えるときに活用する。イメージマップやバブルマップのように拡散的に考える方法もあるが、ウェビングマップは関係性を重視し、構造化していくときに有効な思考ツールである。

授業で活用すると…

関連付けながら、幼虫の体のつくりに関する全体像が見えてきたり、相互の関係が明らかになったりした。

二次元表を使って多面的に考える学習活動

家庭科の授業では、消費者として適切に判断して購入できるようになるための学習を行う。

ここでは、A、B、C、Dの四冊のノートのうち、どのノートを買うかを考える学習活動を行った。そのため、二次元表を使って、四冊のノートをいくつかの視点で多面的に分析することにした。例えば、値段、ページ数、マス目の大きさや数などである。異なる視点から分析することで、一つ一つのノートの特徴が浮き彫りになる。

その上で、どの視点に重きを置くかで、購入するノートを決定することができる。この行為が、「判断」と言うこととなる。つまり、判断とは価値に基づく選択を意味する。二次元表は、判断力を育成することにも活用できる。

THINKING TOOL

二次元表

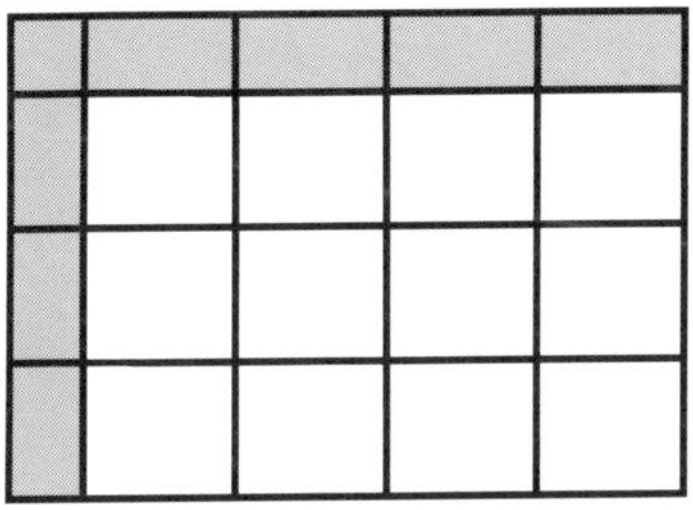

二次元表は多面的に考えるときに活用する。たくさんの対象を複数の視点で分析するときに便利な思考ツールである。

授業で活用すると…

それぞれのノートを異なる視点で分析したことで、
特徴が明らかになり、
どのノートを購入すればよいかが明らかになった。

座標軸を使って複眼的思考をする学習活動

特別活動

地域が元気になって、みんなが気持ちよく過ごせるようにするために、地域に花の苗を送り届ける学習活動を行ってきた。そこで、今年の花の苗を送る活動を、例年以上に盛り上げる方法をクラスで考えることとした。

まず、やってみたいこと、やれそうなことを自由にカードに書き出した。そのカードをグループごとに座表軸を使って分析した。

座標軸の縦軸は、「自分でできること」「みんなでやること」。横軸は、「時間がかかること」「すぐにできること」とし、二つの軸に沿ってカードを仲間分けしていった。どのような方法で花の苗を送り届けるかを、二つの価値に基づいて話し合った。

THINKING TOOL

座標軸

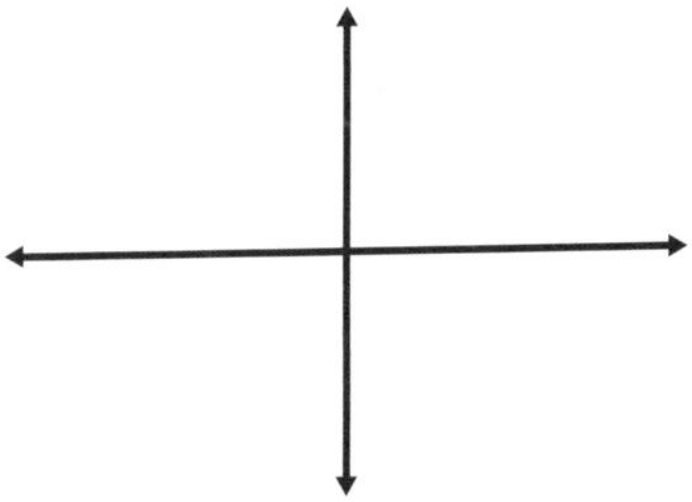

座標軸は、二つの価値で分析する複眼的思考をするときに活用する。授業のねらいに応じて、縦軸と横軸にどのような価値を置くかが大切になる。

授業で活用すると…

子どもは、「すぐにできること」
「みんなでやること」のエリアに注目し、
その中から実行することを決定していった。

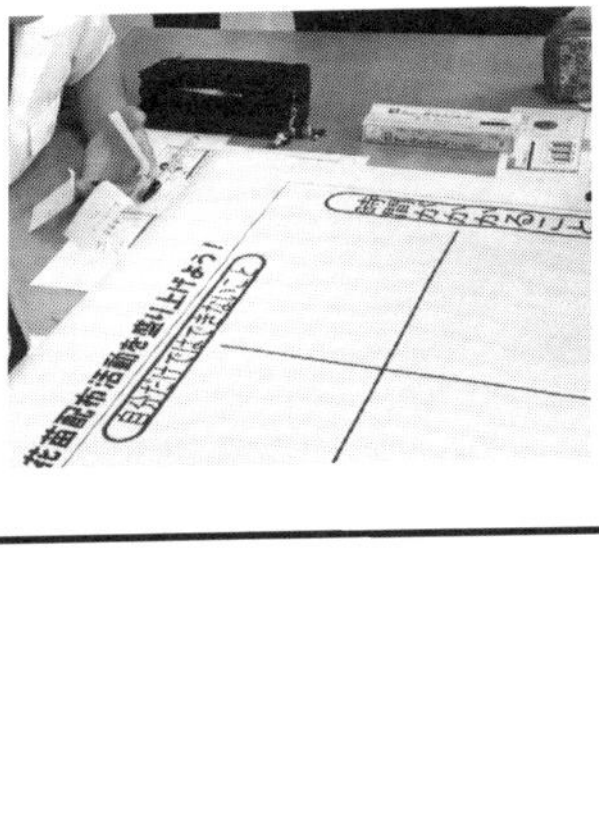

思考ツールを使った学習活動例⑤

ピラミッドチャートを使って統合して考える学習活動

四月の総合的な学習の時間で、これからの一年間の学習活動について話し合った。その結果、毎年、六年生が行ってきた区の木「大久保ツツジ」の活動をどのようにするかを考えることにした。まず、各グループで話し合うこととした。そのときに、ホワイトボードのピラミッドチャートに自由に意見を書き込みながら行った。

各グループの意見がまとまったところで、それを学級全体の話合いに発展させていった。それぞれの意見を統合して、クラスとしてはどのように考えるかを明らかにしていった。ここでも、ピラミッドチャートを使って板書し、学級全体での話合いが活発になるようにした。「ツツジを守るべき」か、「ツツジを広めるべき」か、明らかになった論点を中心に、活発な話合いが展開された。

THINKING TOOL

ピラミッドチャート

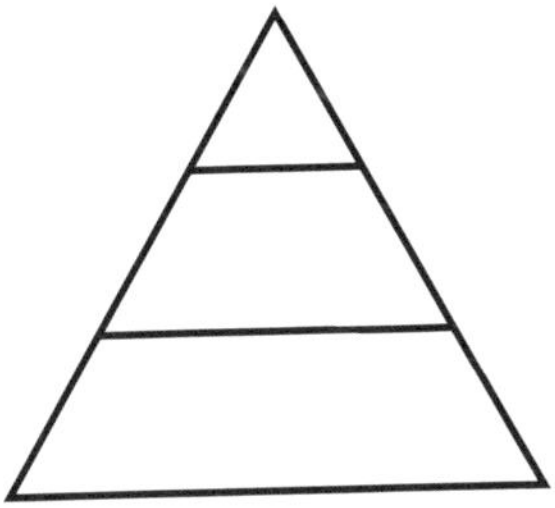

ピラミッドチャートは、いくつかの情報や知識を統合して考えるときに活用する。ピラミッド型の図形が、頂点に向けて考えを統合し、まとめていく思考を誘ってくれる。

授業で活用すると…

全体の話合いでは、学級の意見を統合して
一つにまとめることはせず、その過程で
生まれた論点から考えを深めるようにした。

思考ツールを使った学習活動例⑥

クラゲチャートを使って因果関係で考える学習活動

総合的な学習の時間で町のよさを見付け、さらに町が元気になっていくような地域活性化プランを創造する学習活動を行った。町探検をしたり、地域の人とかかわったりしていくうちに、町の特徴が「緑の多い町」「明るくてきれいな町」ということにまとまってきた。

しかし、その理由や根拠を明確に把握しておらず、感覚的なとらえだった。そこで、クラゲチャートを使ってグループの話合いを行った。「緑が多い町」「明るくてきれいな町」についての理由を個別に書き出し、それをクラゲの足の部分で仲間分けしていった。

町を取り巻く自然のこと、それを保存している人や組織のこと、町を大切に思う人の気持ちなどが整理されていった。また、町のイメージを形成している情報を確認したり、整理したりして、町のよさを再認識すると共に、これまでの学習活動を振り返ることにもつながった。

THINKING TOOL

クラゲチャート

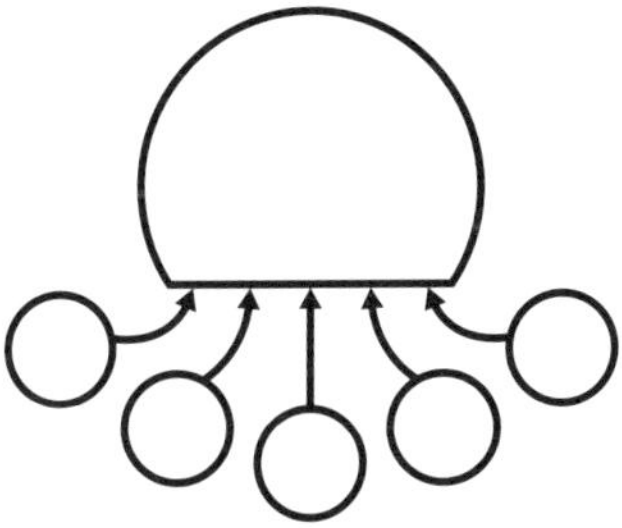

クラゲチャートは、理由を明らかにして考えるときに活用する。原因と結果に分けて考えたり、対象に対する価値の根拠を明確にして考えたりするときに使うことができる。

授業で活用すると…

調べたり体験したりしてきた情報がクラゲの足に整理され、町のイメージを形作っていることを再認識すると共に、学習活動の振り返りにもつながった。

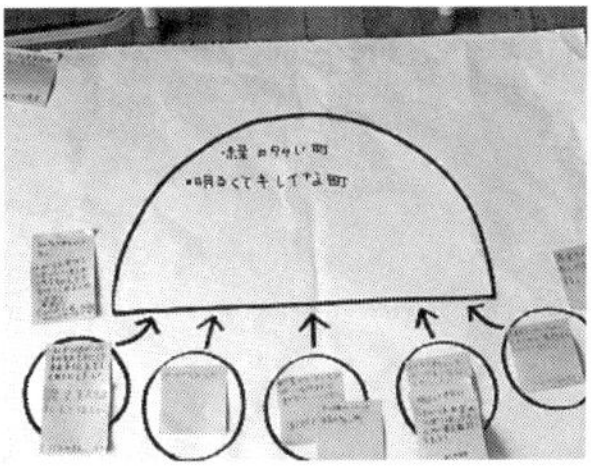

思考ツールを使った学習活動例⑦

ボックスチャートを使って一元化して考える学習活動

世界の食糧事情を調査し、その結果を踏まえ、世界各地の特産品などを参考にしたオリジナルカレーライスを開発していく学習活動を行った。地元のカレーライス屋さんとコラボレーションして、商品開発にまでたどり着くことができた。

開発した新作カレーライスは、販売に向けてその商品名を考えることになった。そこで、ボックスチャートを使って名前を考えていった。まず、チャートの周辺エリアに、オリジナルカレーライスの特徴を自由に書き込んでいった。その後、記載した情報の適否を話し合った。そして、周辺エリアに残された情報から、新作カレーライスの名前を一つにまとめていった。

THINKING TOOL

ボックスチャート

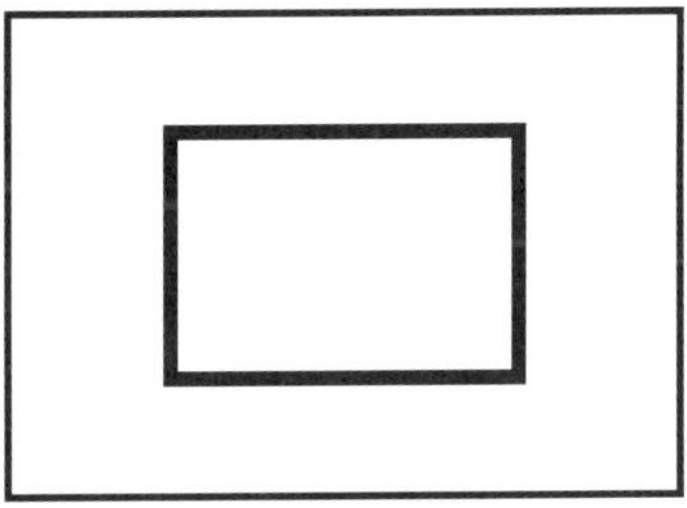

ボックスチャートは、情報や知識を一元化してまとめて考えるときに活用する。全員の考えを周辺のエリアで整理することができると共に、その整理された情報をひとまとめにして考える際に使うことができる。

授業で活用すると…

グループごとにアイディア豊かな名前が考えられた。思考のためのボードをそのまま発表用のボードとしても活用し、それぞれのアイディアのよさを確認した。

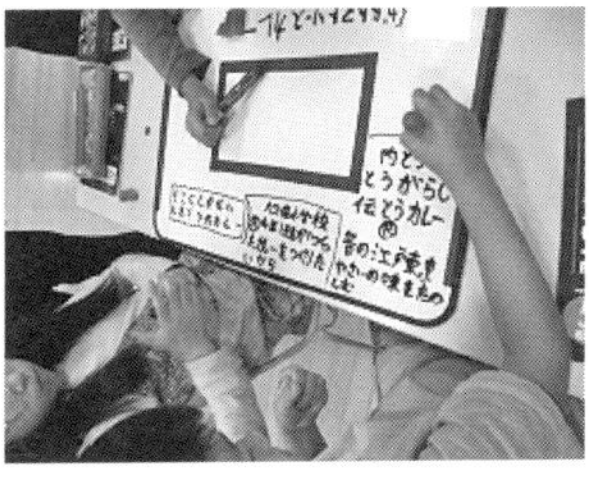

思考ツールを使った学習活動例⑧

ダイヤモンドランキングを使って序列化して考える学習活動

ふるさとの里山について、そのよさや問題などを探究する総合的な学習の時間を行ってきた。豊かな自然に恵まれていること、伝統行事なども残されているよさがあるものの、利便性が悪く、産業の発展が期待しにくいという問題も見えてきた。そうした重要なキーポイントを九つに整理することができた。

そんな中で、未来に向けて町が発展していくためには、この九つあるキーポイントのどれを優先すればよいかを考え、町の人たちに提案することになった。そこで、ダイヤモンドランキングを使って、九つの価値を並べ替えながら序列化し、話し合う学習活動を行った。

THINKING TOOL

ダイヤモンドランキング

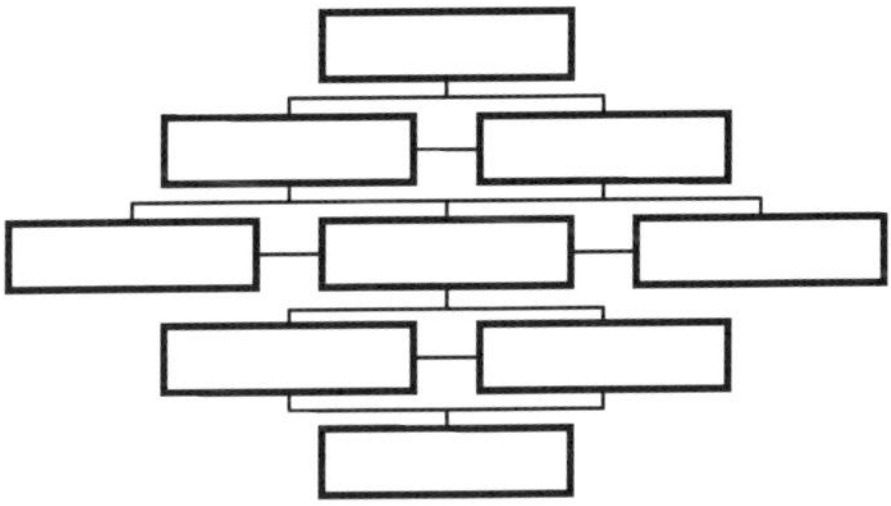

ダイヤモンドランキングは、情報や知識を序列化して考えるときに活用する。大切なことは、序列化した結果ではなく、序列化する中で話し合われる理由や根拠を吟味することにある。

授業で活用すると…

各グループの出したランキング表を黒板に貼り、それぞれの違いを比べながらさらに検討した。その結果、何を優先することが町の未来につながるかを考えることにつながっていった。

思考ツールを活用する際の配慮事項

思考ツールを使うことで、授業は大きくイノベーションされていく。しかし、その活用に際しては、いくつか配慮すべき点もある。

最も配慮すべきは次の四点である。

○必然性：活動の連続性はあるのか？　そのツールを使う必然性はあるのか？
○整合性：どんな思考をさせたいのか？　最適な思考ツールか？
○簡便性：分かりやすいのか？　複雑なものではないか？
○充足性：使ったことがあるのか？　ある程度の経験を有しているか？

そもそも、思考ツールは「手段」でしかない。まずは、どのような目的の実現に向けて思考ツールを使っているかを明らかにする必要がある。また、実際に行ってほしい情報の処理方法と思考ツールとに整合性がとれているのかも重要である。加えて、複雑でないこと、いくらかの経験があるということには配慮したい。

その他にも例えば、思考ツールを使用する**学習形態**にも十分に配慮したい。思考ツールを使う場面としては、一人でじっくりと考えを深めたり明らかにしたりする場面が考えられる。また、二人でペアになって、考えることもできる。そして、数人のグループで考えをまとめたり広げたりすることもできる。さらには、学級全体で話し合うときに活用することも考えられる。

それぞれの学習形態に応じて、

○人数
○情報の質と量
○情報の処理スペース

などを十分に検討して学習活動を行うべきである。

自ら学び共に学ぶ探究・協同型の授業に変える思考ツールの特性

思考ツールを活用すれば、これから期待される探究・協同型の授業に向かっていくことができる。これまでなかなか実現することが難しかった、探究・協同型の授業を実現する可能性が高まる。

なぜなら、思考ツールには二つの特性があるからである。

一つは、**「情報の可視化」**である。話合いを実現するということは、互いの発話した情報を比較したり、関連付けたりして考え、他者に伝えていくことである。音声言語という目に見えない情報を比較・関連付けなどすることは、極めて難易度の高い学習活動であった。その情報を目に見える形にして行えば、多くの子どもたちが話合いに参加することができるようになるはずである。

思考ツールを使うと、処理する情報（つぶ）と情報処理の方向（組立方）、その結果として成果物（かたまり）がよく見える。この「つぶ」「組立方」「かたまり」がよく見えること、つまり、可視化されていることが子どもの学習活動や思考の活性化を生成していくのである。

二つは、**「情報の操作化」**である。目の前の情報が、カードやホワイトボード上の文字など、自由自在に動かしたり、書き直したりして操作できる状況になることが大切である。自分の考えが目に見えるだけではなく、動かしたり修正したりしやすい状況が生まれることにより、子どもは前のめりになって学習活動に参加することになる。

操作化することで、情報と自分自身とのかかわりを意識することにつながる。また、情報同士のかかわりも明らかになる。そのことが、一人一人の子どもの主体的で協同的な学びの姿を生成することになる。

思考ツールを活用した授業では、情報の可視化と操作性という特性によって、自ら学び共に学ぶ子どもの姿を具現することができる。そのためにも、グループで話し合うときには、ホワイトボードを使って書き込みながら話し合ったり、付箋紙を使って動かしながら意見交換したりするなどの授業を積極的に取り入れたい。

思考ツールを活用する

子どもの成長ステップ

思考力の育成には、思考ツールの活用が有効である。この思考ツールを活用する際の留意点としては、「必然性（思考ツールを使う状況であるか）」「整合性（求められる情報処理に相応しい思考ツールであるか）」「簡便性（手順ややり方が分かりやすくシンプルな思考ツールであるか）」「充足性（思考ツールを使った経験があるか）」などを先に示した。

しかし、思考ツールを活用した学習活動は、子どもにとってさほど大きなハードルではないようだ。むしろ自在に使いこなし、活用の仕方が進化していく子どもの姿を目にすることが多い。

その進化の段階としては、およそ次の五つのステップが考えられる。

◆ステップ1【単独】：教師が用意した思考ツールを活用して考える

初期の段階は、教師が適切な思考ツールを用意して問題の解決を行うことが考えられる。このことを通して、思考ツールを活用する学習活動や様々な思考ツールに慣れることが考えられる。

◆ステップ2【選択】：子どもが自ら思考ツールを選んで考える

様々な思考ツールを経験した子どもは、問題解決の場面に応じて適切な思考ツールを選択することができるようになる。こうした学習活動の場面では、個人やペア、グループによって使用する思考ツールが異なることが考えられる。

◆ステップ3【複合】：子どもが複数の思考ツールを組み合わせて考える

問題の状況や複雑さなどに合わせて、複数の思考ツールを組み合わせて使う子どもが出てくる。写真1は、フィッシュボーンを使って要因を分析した後に、その要因をピラミッドチャートで統合し、より高い概念を導き出そうとしている。

◆ステップ4【創造】：子どもがオリジナルな思考ツールを開発して考える

写真2は、ピラミッドチャートとベン図を一体化させたオリジナルな思考ツール「ダブルアイス」（コーンアイスが二つ並んだイメージの図）を使って問題の解決に向けて情報処理している姿である。「ベン図で情報を比較・分類して整理し、その情報をまとめていく思考ツールです」と開発者の子どもは私に説明してくれた。

◆ステップ5【自立】：子どもが思考ツールを使わずに考える

①〜④のステップを経験してきた子どもは、次のような言葉を使い出す。「簡単な問題のときは、思考ツールがないほうがいいです。頭で考えればいいんだから。でも、複雑な問題のときは、やっぱり思考ツールが必要です」。こうして、子どもは思考ツールという道具を自分のものにしていく。

①〜⑤のステップを見ていくと、「単に学習活動で思考ツールを使えばよいのではない」ということが明らかになってくる。

まずは、思考ツールとそこで行われている思考スキルを自覚していることが必要になる。**どのような情報処理をする際に、どのような思考ツールを使っているかを学習者自身が理解していることが欠かせない**。

次に、多様な思考ツールを経験することが必要になる。様々な思考のタイプとフレームイメージをシンクロさせることが大切になる。そして、考えていく過程をメタ認知的にとらえることが必要になる。そのためにも、**思考ツールを使った学習活動に、話合いなどのインタラクションと振り返りなどのリフレクションを位置付けることが有効となる**。

最後は、思考ツールを活用することのよさを実感することが必要になる。自分にとっての価値ある学習こそが、新たな工夫や創造を生み出すからである。

写真1

写真2

思考ツールを使った全体討論

思考ツールを使えば授業が大きくイノベーションされる。それは、子どもが自ら学び共に学ぶ姿になることを意味する。ペアやグループでの話合いの際に活用すれば、前のめりになって、身を乗り出して話し合う子どもの姿を生み出すことが容易にできる。また、身を乗り出すだけではなく、指さしたり手を伸ばしたりして話し合う子どもの姿を生み出すこともできる。まさに、自ら学び共に学ぶ子どもの姿である。

しかし、多くの場合、グループのディスカッションが盛り上がっても、その後の全体討論で静まりかえってしまう事例が多い。この全体討論においても、多くの子どもが自ら学び共に学ぶ授業にしていかなければならない。そのためには、次の二つの点を意識し、授業に際して十分に検討しておくことがポイントとなる。

○学習活動の連続性を検討する

授業で行う学習活動には連続性が必要となる。ぶつ切りでばらばらの活動では、子どもの学びが連続的に発展しない。学習活動の「入り口」と「出口」とで、学習活動同士がスムーズに連続しているのかを検討する。

○子どもの思考の連続性を検討する

授業では、子どもの思考がスームズに流れるような学習活動になっているかが問われる。グループの場面と学級全員での全体討議とが、それぞれどのような思考を期待しているかを明らかにすることが重要になる。その際、細かな思考スキルなどで両者を検討するよりも、「収束的思考」と「拡散的思考」で整理するとよい。思考の連続性のタイプとしては、

○拡散↓収束
○収束↓収束
○拡散↓拡散
○収束↓拡散

が考えられる。

この四つのタイプで思考ツールを用いた学習活動を検討していくことで、全体討議においても、発言数が増えたり発言内容が豊かになる授業が徐々に増えてきている。

アクティブ・ラーニングが育てる「学ぼうとする力」

次期学習指導要領改訂のキーワードは、アクティブ・ラーニングである。それは、いわゆる課題の発見と解決に向けて主体的・協働的に学ぶ学習のことである。思考力に代表される汎用的能力の育成のために、私たちは授業の質的転換を目指していかなければならない。質的に転換された新しい授業においては、学習者に「学ぼうとする力」を育成することを強く求めていると言えよう。いくらか強調して言い換えれば**「学ぼうとする意志」**とも言える。自らの強い意志と力で、学習のプロセスを連続させ、学び続けることができるような学習者の姿を実現しなければならない。

そのためにも、思考力を育成し探究プロセスを質的に高めると共に、話合いや意見交換などの協同的な学習の実現に向かう思考ツールは、期待するアクティブ・ラーニングを具現する重要なツールである。また、そうした学習が一人一人の本気で真剣な「真性の学び」になるためには、学習者が主体となって取り組めるような課題の設定をしていかなければならない。

さあ、あなたの授業はどのような授業になっているだろうか。

教師が一方的に話し、子どもの意見や考えを無視するような「チョーク・アンド・トーク」の授業になってはいないだろうか。知識の伝達のみを行う暗記・再生型の授業ばかりになってはいないだろうか。

新しい時代が求める思考・発信型の授業、プロセス重視の授業の実現に向けて、思考ツールを活用してみよう。課題設定場面を工夫してみよう。きっと、今までに見ることのできなかった、主体的に取り組む子ども、異なる他者と積極的に対話する子どもの姿を目の当たりにすることができるだろう。

私たちは、21世紀型学力を育成する授業の具現に向けた意識転換を図り、確かなイメージ力に基づく教師力を着実に身に付けることで、より高次なアクティブ・ラーニングが実現する授業へと日々ブラッシュアップし続けなければならないのである。

今、授業のイノベーションが求められている。

COLUMN 3

高次なアクティブ・ラーニングの実現に向けて

学習者が、自発的で能動的な学習を、自らの意志で異なる他者と共に進めることを期待してアクティブ・ラーニングが提唱されている。こうした学習を行うことは、期待される資質や能力の育成に向かうと共に、知識や技能の定着、学習意欲の向上にも寄与するものと考えることができる。

しかし、アクティブ・ラーニングへの転換が求められている理由は、それればかりではないだろう。

一つが、**より深い理解を期待している点**にある。これまでのように教師の一方的な教えでは、子どもの頭の中の知識や情報は個別ばらばらのままに存在することになる。知識や情報は、それぞれが関連付けられると共に、それぞれの知識や情報と本人の体験に基づく感覚なども関連付いて連動的に保持される。こうした個別の単独系の知識ではない、関連系の知識を形成していくことが求められているのである。このことを「知識の精緻化」と呼ぶ。

アクティブ・ラーニングを行うことを通して、新しい知識をすでに獲得している知識などと結び付けて保持する深い理解を期待している。したがって、個別の探究よりも、異なる他者との対話などが求められることとなる。

もう一つが、**異なる他者と共に対話しながら、問題を解決したり、新しいアイディアを創出したりすること自体を経験する点**にある。21世紀の社会では、チームで問題を解決すること、様々な立場や役割の中で意見交換しながら試行錯誤を繰り返し、互いの対立を乗り越えて新しい価値を創造することが求められる。そうした経験無くして複雑な問題状況を解決することは難しい。

アクティブ・ラーニングを行うことを通して、最適解を生成するための新しい学びの体得を学習者に期待しているのである。したがって、アクティブ・ラーニングを繰り返すこと、手応え感覚を得ることなどが求められることとなる。

アクティブ・ラーニングは、決して新しいものではなく、これまでの優れた教育実践こそがアクティブ・ラーニングであると記してきた。その意味では、先に示した異なる他者との対話による深い理解、繰り返しや手応え感覚による「学ぼうとする力」の育成などが、より高次なアクティブ・ラーニングとして期待されているのではないだろうか。

著者紹介

田村 学

TAMURA MANABU

文部科学省初等中等教育局教育課程課教科調査官
国立教育政策研究所教育課程研究センター研究開発部教育課程調査官

昭和37年新潟県生まれ。新潟大学教育学部卒業後、昭和61年4月より新潟県上越市立大手町小学校教諭、上越教育大学附属小学校教諭、新潟県柏崎市教育委員会指導主事を経て、平成17年4月より現職。日本生活科・総合的学習教育学会理事も務める。教員時代より、生活科・総合的な学習の時間の実践、カリキュラム研究に取り組んでいる。主な著書に、『川のこえをきこう　いのちを育てる総合学習』（童心社）、『考えるってこういうことか！「思考ツール」の授業』『こうすれば考える力がつく！　中学校思考ツール』（小学館）、『今日的学力をつくる新しい生活科授業づくり』（明治図書出版）、『これからの生活・総合―知識基盤社会における能力の育成と求められる教師力』『新教科誕生の軌跡―生活科の形成過程に関する研究』『総合的な学習　授業づくりハンドブック』（東洋館出版社）など多数。

授業を磨く

2015（平成 27）年 4 月 1 日　初版第 1 刷発行
2015（平成 27）年 8 月 8 日　初版第 8 刷発行

［著　者］田村 学
［発行者］錦織 圭之介
［発行所］株式会社　東洋館出版社
〒113-0021　東京都文京区本駒込 5 丁目 16 番 7 号
営業部　TEL：03-3823-9206
FAX：03-3823-9208
編集部　TEL：03-3823-9207
FAX：03-3823-9209
振　替　00180-7-96823
U R L　http://www.toyokan.co.jp

［装　幀］水戸部 功
［イラスト］オセロ
［印刷・製本］藤原印刷株式会社

ISBN978-4-491-03114-9　Printed in Japan